좌선삼매경

坐禪三昧經

• 구마라집 한역
• 요사시안 감수
• 자응 역주

불광출판사

일러두기

1. 이 책은 『좌선삼매경』(대정장 15)을 저본으로 하였다.
2. 『좌선삼매경』(대정장 15), 『좌선삼매경』(고려장 30), 『좌선삼매경』(불교경전, 제163책) 위창고본, 『좌선삼매경』(영락북장, 129책) 궁본을 비교하여 교정하였다.
3. 주석을 붙이면서 『좌선삼매경』(국역일체경, 경집부 4), 『가산불교대사림』, 『불광대사전』, 『불교대사전』 등을 참고하였다.
4. 구두점은 『좌선삼매경』(국역일체경, 경집부 4)을 그대로 따랐다.
5. 한글번역은 동국역경원 『좌선삼매경』, 『좌선삼매경』(국역일체경, 경집부 4)을 참고하였다.
6. 색인은 한글번역 색인이 아닌 원문 색인임을 밝혀둔다.
7. 본서에서 한글 풀이는 〔 〕을 한자 표기는 ( )로 했다.

서문

불교가 중국에 들어온 이후 초창기에 번역된 여러 선경(禪經)들은 달마가 중국에 건너오기 이전에 이미 번역되었다. 안세고(安世高)가 낙양(洛陽)에 와 『안반수의경(安般守意經)』을 번역하고 다시 구마라집이 『좌선삼매경』을 번역한 시기는 대략 서기 170년에서 400년 무렵이었다. 달마가 중국에 건너온 때가 양 무제 때인 서기 527년이므로 달마 서래(西來) 이전 350여 년 사이에 수식관(數息觀) 등을 가르친 선경들이 번역 유포되었던 것이다. 물론 이후 후대에 번창한 중국선의 종풍을 선양한 선맥을 이루는 데 포함되지는 않았지만, 관법(觀法)을 닦는 구체적인 방법이 제시되면서 선정수행의 중요성을 밝히고 있다.

『좌선삼매경』은 구마라집이 402년에 번역한 것으로 초기 선경을 대표하는 경이다. 상 · 하 두 권으로 번역되어 좌선입문자로서의 구체적인 수행지침이 설해져 있을 뿐만 아니라 보살선법 등대 · 소승의 선법을 종합적으로 논하고 있다. 불타발타라(覺賢)가 번역한 『달마다라선경』과 비슷한 내용으로 『좌선삼매경』을 관중선경(關中禪經)이라 하고 『달마다라선경』을 여산선경(廬山禪經)이라 불렀다. 여산의 혜원(慧遠)이 각현을 여산으로 청해 좌선 지도를 부탁하고 선경 번역을 의뢰했기 때문이다. 이 두 선경이 역출되어 나오기 전에는 안세고가 번역한 선경을 의지하다가 다시 구마라집과 불타발타라의 선경을 의지해 선관을 닦아 익히게 되었다.

불교의 수행은 계 · 정 · 혜 삼학으로 설명된다. 이것이 불교의 기본 수행관이다. 초기 선경의 특징은 후의 선종 어록과는 달리 삼학을 총체적으로 논하고 있는 것이 어디까지나 불교의 기본인 삼학의 실수(實修) 차원에서 좌선을 권한다는 점이다. 물론 대승의 율을 설하고 있는 『범망경』에서도 계(戒)를 인하여 정(定)을 얻고 정을 인하여 혜를 얻는다고 밝히고 있지만 이후 중국 선종에서는 이 삼위일체의 삼학관이 선정의 비중을 지나치게 강조하다가 격외선지(格外禪旨)를 선양하는 탈삼학적인 특별한 선법을 펴게 되었던 것이다. 교외별전(教外別傳)을 내세운 선의 종지에도 나타나는 바와 같이 선경을 의지한 수습방법과 완연히 달라진 것이었다.

선경의 연구는 삼위일체의 삼학과 연관된 좌선이 어떤 법도의 격을 세우는 중심이 되어 수행의 구심을 이룬다는 점을 간과해서는 안 될 것이다. 불교의 종합적인 수행체계를 선경의 연구를 통해서 바로 알 수 있는 것이다.

자응 강사가 승가대학원에 들어와 『좌선삼매경』을 번역하여 졸업 과제물로 내 놓아 책을 발간하게 되었는데 이는 본인의 연구 실적이기도 하겠지만 불교수행의 기본 체계를 선경을 통해 알려주는 좋은 계기가 될 것도 같다. 이미 동국대 대학원에서도 나름의 연구를 한 바 있는 역자가 한역 원전을 심도 있게 연구하는 우리 승가대학원의 과제물을 완성함으로써 공부에 더 큰 발전이 있으리라 사료되며 그간의 노고를 격려하면서 더욱 정진하여 더 좋은 연구 성과가 있기를 기대하는 바이다.

불기 2549년 2월 15일
대한불교 조계종 종립 은해사 승가대학원 원장
樂山志安 識

차례

좌선삼매경 하(下)

좌선삼매경(坐禪三昧經) 해제

현존하는 불교는 크게 북방불교와 남방불교로 나누어진다. 몇 년 전에 남방불교의 수행서인 『청정도론』이 번역된 것도, 남방 수행에 관심이 많은 한국불교의 시대적인 요청의 결과물이 아닐 수 없다.

북방불교를 대표하는 선사상(禪思想) 혹은 조사선(祖師禪)을 강조하는 한국불교는 공안선(公案禪)과 돈오선(頓悟禪), 견성성불(見性成佛)만을 지나치게 주장하고 있다. 중국에 불교가 전해지면서 초기에 번역된 선경(禪經)에 비추어 이러한 한국불교의 모습을 살펴보는 것도 나름대로 의미가 있을 것이다.

『좌선삼매경』은 중국에 소승선경이 번역된 이후 나타난 최초의 선경이라는 점에서 중요한 의미를 찾을 수 있다. 『좌선삼매경』 상 · 하 2권은 구마라집(鳩摩羅什)이 홍시(弘始) 4년에 장안에서 번역하여 5년 후(407년)에 다시 다듬었다. 복잡하고 간단함의 좋은 점을 취하여 시종 일관 조직적(組織的)으로 정돈되었고 내용이 충실하여 선경(禪經) 중의 으뜸으로 추정되고 있다.

후진(後秦)의 요흥(姚興)이 401년(홍시 3)에 장안으로 모셔온 구마라집은 402년 정월부터 소요원(逍遙院)의 서명각(西明閣)에서 승조(僧肇)·승예(僧叡) 등 여러 제자와 함께 경전과 논서를 한문으로 번역하였다. 구마라집이 번역한 많은 경전과 논서 가운데 최초로 번역한 것은 선경(禪經)이다.

승예(僧叡)의 「관중출선경서(關中出禪經序)」에 의하면, 그 무렵 이미 중국에는 후한의 안세고(安世高)가 『선행법상경(禪行法想經)』·『안반수의경(安般守意經)』 등의 소승선경(小乘禪經)을 번역하였으며, 또 지루가참(支婁迦讖)이 『수능엄경(首楞嚴經)』 등을 번역하였으나 선정을 닦는 것에 관한 경전이 중국에 충분히 전해져 있지 않았다.

그래서 도안(道安, 314~385)은 불완전한 선경을 지침으로 선정을 닦는 방법을 확립하려고 노력하였다.

이런 초기의 수선자(修禪者)들의 노력으로 중국에는 6세기 초에 독자적인 불교사상이 형성되었다. 이것이 중국선(中國禪)이며, 중국 선종의 대표적인 인물은 남천축에서 내조(來朝)한 보리달마(菩提達磨, ?~528)이다. 달마는 석가모니불의 정법안장(正法眼藏)을 이은 28대 전승자로서 중국에 건너와 불법천자(佛法天子)인 양무제(梁武帝)와 만나 무공덕(無功德)이라는 한마디를 토(吐)한 후, 숭산 소림사에 들어가 9년간 면벽했으며, 눈 속에서 단비구법(斷臂求法)의 의지를 보인 제자 혜가(慧可)에게 법을 부촉하고는 그 전법(傳法)의 증명으로 한 벌의 가사를 내렸다고 전한다.

『좌선삼매경』의 내용

●좌선삼매경 – 상

먼저 처음에 게송은 5언(言) 4구(句)의 43게(偈)에 있어 생사윤회를 벗어나는 선법(禪法)을 실제로 수행해야 하는 것을 나타내고 있다. 다음에 장행(長行)의 일단은 스승이고자 하는 사람의 좌선입문자에 대한 준비로, 중생의 각종 병폐 중에 탐진치(貪瞋癡)의 삼독(三毒)에 빠진 세 무리의 타고난 본래 모습의 특색을 들어 이들에 대한 적당한 관법(觀法)을 가르쳐야 하는 방법들을 설하고, 오종법문(五種法門, 즉 五停心)을 제시하고 있다.

상권에서는 먼저 장편(長篇)의 게송을 통하여 선(禪)을 닦아야 하는 이유를 설하고 있다. 그 다음에 선을 배우는 사람이 지녀야 할 윤리적 행위에 대하여 강조하고 있다.

즉 오계(五戒)를 잘 지키고 죄를 짓는 일이 없어야 한다. 그런 뒤 중생들의 근기에 맞는 다섯 가지 관법(觀法)을 제시한다. 즉 제1 탐욕을 다스리는 법문, 제2 성냄을 다스리는 법문, 제3 어리석음을 다스리는 법문, 제4 분별작용을 다스리는 법문, 제5 균등을 다스리는 법문이다.

1. 탐욕을 다스리기 위해서는 부정관(不淨觀)을 닦아야 함을 설한다. 2종의 부정관을 말하고 있다. 첫째는 신체를 구성하는 36가지가 모두 부정하다고 관찰하는 것이며, 둘째는 죽은 자의 육체가 부

패되어 백골(白骨)이 되어가는 아홉 단계를 차례로 관찰하는 9상관(想觀)이다. 이 9상관은 음욕을 다스리는 데에 매우 효과적인 관법으로 평가받아 왔다.

2. 성냄을 다스리기 위해서는 자심관(慈心觀)을 닦아야 함을 설한다. 먼저 자기와 친밀한 사람으로 자비의 실천을 확산하고, 마침내는 자기를 증오하는 사람에 대해서까지 자비를 행하라고 설한다.

3. 어리석은 마음을 다스리기 위해서는 인연관(因緣觀)을 닦아야 함을 설한다. 곧 12인연을 관찰하는 것이다. 먼저 무명(無明)과 행(行)에서부터 생(生)과 노사(老死)에 이르기까지 하나하나를 관찰하며, 다음은 행(行)에서 유(有)까지의 9단계를 관찰하고, 마지막으로 12단계 전체를 총체적으로 관찰하는 것이다.

4. 분별하는 마음을 다스리기 위해서는 안나반나(阿那般那)삼매, 즉 염식관을 닦아야 함을 설한다. 염식관은 호흡을 헤아리며 하는 수행이다. 처음에는 일심으로 들이쉬는 숨과 내쉬는 숨을 헤아리는데, 1에서 10까지 헤아린다. 그런 뒤 숨이 나가고 들어옴에 따라서 그 숨과 생각을 모두 한 곳에 멈추게 하고, 마침내는 수(數), 수(隨), 지(止), 관(觀), 전(轉), 정(淨) 등의 여섯 가지 법문을 관찰하게 된다.

5. 등분행(等分行)과 중죄인(重罪人)을 다스리기 위해서는 염불관(念佛觀)을 닦아야 함을 설한다. 부처님의 32상(相)과 80종호(種好)를 여실하게 관찰하는 것이다. 1불(佛), 2불, 3불, 더 나아가 시방

의 모든 부처님의 상호를 일심(一心)으로 염(念)하라는 것이다.

●좌선삼매경-하

이상의 오문선(五門禪)은 즉 욕계정(欲界定)을 시사하며 그 불완전한 것을 지적하여 다시금 색계(色界) 초선(初禪)의 이익을 나타내고, 또다시 초선의 결함을 들어 선(禪)을 이끌어 이선(二禪), 삼선(三禪), 사선(四禪)에 순차로 진입하여 나아가게 해서 무색계(無色界)의 사무색정(四無色定)을 설명하고 있다. 아울러 사무량심(四無量心)의 관법(觀法)을 간략하게 서술, 즉 오신통(五神通)을 얻는 것을 나타내고, 신족통(神足通)을 설명하여 일단락을 맺고 있다.

이에 불제자는 오문선(五門禪)을 닦아 최후에 도달하는 곳은 열반임을 나타내고 있다. 한편 이 열반에 도달하는 순서로 두 종류의 근기가 있는데, 첫 번째는 먼저 삼매〔定〕를 주로 하여 뒤에 통찰지〔慧〕를 얻는 것, 두 번째는 먼저 통찰지를 주로 한 뒤에 삼매를 얻는 것이다. 그리고 전자는 오문선에서 나아가 색계사선(色界四禪), 사무색정, 사무량심, 오신통을 얻는 과정을 가지고 앞 단락에서 설한 바와 같이 진보하고 발전하는 것을 암시한다. 후자는 먼저 잘못된 생각이나 견해를 깨뜨려 바른 지혜를 얻기 위해 정(淨)·낙(樂)·아(我)·상(常)의 전도된 견해(見解)를 타파하여 비정(非淨)·고(苦)·무아(無我)·무상(無常)의 바른 견해에 머무는 것을 설하고, 아래의 소위 사념처(四念處)의 설명보다 순차적으로 통찰지의 진보하고 발전함을 설하고 있다.

즉 사념처, 4제16행상(四諦十六行相), 사선근(四善根), 무루16심(無漏十六心), 견수이도(見修二道)[1], 예류향(預流向)으로 시작하여 사향사과(四向四果) 하나하나를 설명하고, 주요 대목을 추려서 사물의 가장 중요하고도 견고한 것을 얻어 최후에 아라한의 경지에 이르러 해탈하여 얻는 열반의 상(相)을 설명하고 있다.

다음으로 나한(羅漢)으로서 홀로 수행하여 스스로 열반을 얻은 경지에 대해 간략하게 서술하고, 벽지불은 나한과 보살과의 사이에 위치하는 중간의 근기로 되어 있다. 이상으로 하권의 전반을 할애하고 후반은 보살의 선관(禪觀)을 설명하고 있다.

보살도(菩薩道)로서의 선관은 성문(聲聞)과 같이 오종선관(五種禪觀)을 닦아서 열반에 이르는 것을 궁극적인 목적으로 하지 않고 오종선관을 수행하여 불도(佛道)를 이루는 것을 이상(理想)으로 하고 있다. 보살도로서 염불관(念佛觀), 부정관(不淨觀), 자심관(慈心觀), 인연관(因緣觀), 수식관(數息觀)의 오종법문(五種法門)의 특상(特相)을 서술하고 최후에 선정을 닦는 자는 실제 모습의 심득(心得)으로 때

---

1) 견수이도(見修二道): 견도(見道)에 의해 견소단의 번뇌를 소멸한 이를 예류과(預流果)의 성자라 하고, 수도(修道)에 의해 욕계의 수도단의 번뇌 중 일부를 끊는 이를 일래과(一來果), 모두를 끊은 이를 불환과(不還果)의 성자라고 하며, 색 · 무색계의 수도단의 번뇌를 모두 끊은 이를 아라한과(阿羅漢果)의 성자라고 한다. 그리고 특히 아라한과의 경우 이제 더 이상 닦아야 할 것이 없기 때문에, 그 이전 단계를 유학(有學)이라고 하는데 반해 무학(無學)이라고 한다. 이에 대한 것은 사향사과(四向四果)의 도표 참조. 권오민, 『아비달마불교』(민족사, 2003), p. 274.

와 방편을 관찰하여 나타내는 7언4구의 20게를 본경의 결론으로 하고 있다.

『좌선삼매경』의 특징

보살선관(菩薩禪觀)의 특징은 오종법문을 통하여 중생제도를 염원하는 것이다. 제법이 본래 공(空)함이 이에 달하는 것으로서, 이것 즉 제법실상(諸法實相)이 되는 것은 세 가지 특징에 있다.

오종법문 가운데서 인연관의 설명을 가장 상세하게 설명하고 있으며, 12인연(因緣)의 각 부분과 12인연의 공(空)을 관(觀)하고, 12인연의 실상(實相)을 관하고, 12인연과 4제(諦)와의 관계와 37도품(道品) 등의 관계에 미치고 있다. 수식관에는 삼인(三忍)을 설명하여 공(空)이라는 이치를 밝히고 있으며, 염불관에 있어서는 생신(生身), 법신(法身)의 이관(二觀)을 설명하지만 이신(二身)의 개념은 소승의 교의(敎義)를 나타내고 있지는 않는 것 같다.

본경은 전체적으로 조직(組織)이 정연하고 내용이 충실하여 여러 선경(禪經) 중에 단연 두각을 나타내고 있는 것은 앞에서 서술한 것과 같지만 그 주된 특색을 열거하면 세 가지로 요약할 수 있다.

제1에서 오종법문, 소위 오정심관(五停心觀)이 명료하고 균등하게 서술되어 있어 비난할 곳이 한 군데도 없다. 더구나 5가지 법문이 처음 선에 들어가는 자의 관법(觀法)일 뿐만 아니라, 나아가 사선팔정(四禪八定)[2]의 기본이 되고 사선근(四善根), 사향사과(四向四

果)[3]의 소승선관을 포함하여 다시 대승보살선의 다섯 방면을 달성하는 것을 명시하고, 오종법문이 선관수도의 전체를 일관되게 서술하고 있는 점은 다른 데서는 전혀 볼 수 없는 특징이라 말할 수 있다.

송(宋)의 담마밀다(曇摩蜜多)가 번역한 『오문선경요법(五門禪經要法)』은 오문선을 표제(標題)하여 짓고, 경의 첫 부분에 마음이 혼란한 사람에게는 안반(安般), 탐욕이 많은 사람에게는 부정(不淨), 성냄이 많은 사람에게는 자심(慈心), 착아(著我)가 많은 사람에게는 인연(因緣), 심몰(心沒)하는 사람에게는 염불(念佛) 등을 설하여, 다른 선경에서와 같이 사대(四大), 육대(六大) 등의 관법(觀法)을 섞지 않고 순연한 오문선을 설하고 있다.

제2에서는 선관수도(禪觀修道)의 큰 계통이 거의 완성되어 있다. 『수행도지경(修行道地經)』은 수도(修道)의 단계를 망라하여 관법이 진보하고 발전하는 형상을 하나의 계통으로 합하려고 하고 있지만 다소 뒤섞여서 순서가 없거나, 통로가 있어 아직 조직으로서의 모

---

2) 사선팔정(四禪八定): 색계(色界)의 사선(四禪)과 무색계(無色界)의 사무색정(四無色定)을 말한다.

3) 사향사과(四向四果): 성자란 성제(聖諦)를 현관하여 무루의 성법(聖法)을 획득한 이를 말한다. 성자는 다시 번뇌를 끊는 단계에 따라 예류과(預流果)·일래과(一來果)·불환과(不還果)·아라한과(阿羅漢果)로 나누어지며, 그러한 계위로 향하고 있는 이를 또한 예류향· 일래향·불환향·아라한향이라고 하였다. 고래로 이를 사향사과(四向四果) 혹은 사쌍팔배(四雙八輩)라고 하였다. 이에 대한 도표는 권오민,『아비담마불교』(민족사,2003), p.274 참조.

양을 갖추지는 못했다.

이 경에는 전술한 바와 같이 오종법문을 기초로 하여 사선팔정, 사선근, 사향사과, 연각(緣覺) 내지 보살도(菩薩道)를 전부 포용하여 그 맥락을 관통하는 수도의 단계를 만든 점은 실로 놓쳐서는 안 될 큰 특색이라 할 수 있다.

그리고 『수행도지경』에는 보살대승선(菩薩大乘禪)을 설하여 이전의 소승선(小乘禪)과의 관계가 특히 애매하다. 그러나 본경(本經)에서는 오문선으로 양자를 포괄하고, 또 한편으로는 연각은 물론 보살도(菩薩道) 또는 성문도(聲聞道)를 배태(胚胎)하여 서술함으로써 양자를 관계시키고 있다.

혹은 대소양승(大小兩乘)을 하나의 계통으로 융합한 것은 전체 불교의 교학(教學) 문제로 법화경(法華經) · 화엄경(華嚴經)은 보살도를 기본으로 하여 성문도(聲聞道)를 포섭하는 태도를 취하고, 천태(天台) · 화엄의 양 교학은 적극적으로 이를 천명하도록 노력하고 있다.

앞의 교리사 입장에서의 곤란한 문제를 선관수도(禪觀修道)의 한 부분을 약술한 본경을 통해 모든 답을 얻을 수는 없다. 하지만 전술한 바와 같이 두 방면에서 그 시대까지 발달해 온 대승보살도를 아비달마(阿毘達磨)에서부터 완성된 성문도와 연계시킨 점은 가벼이 지나쳐서는 안 될 것이다.

제3은 전(前)항의 수도 단계에 포함되는 것이지만 특히 사선팔정이나 소승선관(小乘禪觀)과의 관계에 있어서 주목해야 할 점이 있다.

사선팔정에 따라 오신통을 얻어 천상에 태어나는 과(果)를 얻는 것은 번뇌가 있는 범부(凡夫)의 선(禪)에 있어 사념처(四念處), 4제16행상, 무루16심을 지나서 4사문과(四沙門果)[4]를 얻어 최후에는 해탈의 열반에 들어가는 것은 불제자의 무루선(無漏禪)이고, 위쪽의 양자는 단연 구별해야만 한다고 역설하는 것이 『수행도지경』의 특색이다. 이는 『수행도지경』의 해제에 서술되어 있다.

혹은 불교와 외도(外道)의 수도선관이 서로 다른 점이나 어긋난 것을 밝힐 필요에 쫓기고 있었다. 하지만 외도에도 통하는 사선오통(四禪五通)의 선법이 사실 불교의 선법에 있어 유력한 지위를 점하고 있었으며, 소승아비달마(小乘阿毘達磨)의 실천문(實踐門)에는 사선(四禪) 없이 설명할 수 없었다.

이에 대해 색계사선, 사무색정, 오신통 등이 천상에 태어나는 계열(系列)을 이루는 선법(禪法)과 사념처, 4제16행상을 지난 후에 색계사선, 사무색정에 머물러 무루16심에서 사향사과의 단계를 만드는 한 계통의 선법과 어떤 관계가 있는지를 밝히는 것은 매우 필요한 일이다.

그리고 이것을 법상(法相)적으로 해석하는 것은 치밀하고 너저분

---

4) 4사문과(四沙門果): 비구가 수행에 의해 도달하는 경지[聖果]의 4종류로, 4성(四聖)이라고도 한다. 각 준비적 단계인 향(向)을 더하여 4쌍8배(四雙八輩)·8성(八聖) 등이라고도 한다.

하고 좀스러운 아비달마의 직무상 능력이지만 지금 이 『좌선삼매경』에서는 극히 간결하고 명확하게 양자의 관계를 서술하고 있다.

본경은 색계사선, 사무색정, 오신통을 얻는 선법을 설하여 끝내고, 사념처 내지 사과(四果)에 이르는 성문도(聲聞道)의 선법을 밝히는 중간에 다음과 같이 서술하고 있다.

"세존의 제자들은 다섯 가지 법문을 배워 익히고, 뜻은 열반을 추구하는데, 두 종류의 사람이 있다. 혹은 삼매를 좋아하는 사람이 많은데 쾌락 때문이다. 혹은 통찰지를 좋아하는 사람이 많은데, 괴로움과 근심을 두려워하기 때문이다. 삼매가 많은 사람은 먼저 선법을 배우고 뒤에 열반을 배운다. 통찰지가 많은 사람은 곧바로 열반으로 나아간다. 곧바로 열반으로 나아가는 사람은 아직 번뇌를 끊지 못하였고, 또한 아직 선을 얻지 못하였지만, 온 마음을 다 기울여 흩어지지 않고 곧바로 열반을 구하여 애착 등 여러 번뇌를 초월하는 것이다. 몸은 진실로 무상(無常)·고(苦)·부정(不淨)·무아(無我)이나 몸이 전도되었기 때문에 상(常)·낙(樂)·아(我)·정(淨)이라 한다. … 수행자는 전도된 것을 타파하고자 하기 때문에 마땅히 사념지관을 익힌다. 운운(云云)"

-권하(卷下), 사념처(四念處)의 처음

이 색계사선, 사무색정, 오신통을 얻는 선법과 사념처 내지 나한과(羅漢果)와 선법과의 관계가 교묘하게 이어져 있는 것이다. 즉 다같이 오문(五門)의 선법을 수행해도 삼매(定)에 기우는 사람은 먼저 전자로 나아가고 통찰지에 기우는 사람은 먼저 후자로 나아가며, 모두 최후에는 열반을 얻는다고 말하고 있다.

그리고 후자가 무루(無漏) 앞에 15심(十五心)[5]의 통찰지를 얻은 후에 삼매를 주로 한 사선의 단계에 들어가는 것을 사향사과의 설명에서 밝히므로써 색계사선, 사무색정, 오신통〔자세히 논하면 사선에는 정혜(定慧)가 함께 존재하지만 사념처, 사제관(四諦觀) 등에 비하면 대체로 삼매를 주로 한다〕 중 어느 곳에서 통찰지를 얻는가를 설명하지 않고 있다. 『수행도지경』에서는 범부의 유루선(有漏禪)과 불제자의 무루선(無漏禪)을 판별하고, 전자를 거부하는 것처럼 보이지만 본경은 양자를 융합하여 관계한 점 또한 경시해서는 안 될 일대 특징이다.

『좌선삼매경』을 편술하는 자료

이 경은 『출삼장기(出三藏記)』 제9권에 수록된 승예(僧叡)의 「관중출선경서(關中出禪經序)」에 "많은 승려들이 선요(禪要)의 초록을 저술한 것을 통하여 한번 깨달으니 이 3권을 얻다."[6]로 기술한 것에

---

5) 15심(十五心): 소승 아비달마의 교학에 있어서 견도(見道)로 받아들여진 15심(十五心)을 말한다. 즉 8인(八忍)·8지(八智)의 16심 중 고법지인(苦法智忍)으로부터 도류지인(道類智忍)에 이르는 15가지를 가리킨다. 이 15심의 사이에 무루지(無漏智)를 가지고, 지금까지 보지 못했던 4제(四諦)의 진리를 본다고 한다. 이에 대한 도표는 권오민, 『아비담마불교』(민족사, 2003), p. 252 참조.

의하면, 그가 구마라집에게 선법을 받은 후에 선관에 관한 여러 사람의 설을 발췌하여 편찬한 것을 나집삼장(羅什三藏)에게 받아 번역하여 출간하게 된 것이다.

명(明)의 대장경에는 경의 제목 아래에 승가라찰조(僧伽羅刹造)라 명기하고 있지만 『수행도지경』의 저자인 승가라찰이 본경을 저술했다고 단정할 수는 없다. 이 경은 서북 인도 혹은 서역의 여러 나라에서 누군가가 선법에 관한 여러 사람의 설을 한데 모았거나 혹은 나집삼장이 승예에게 보였을 때에 스스로 편집하여 출간한 것일 것이다.

승예가 서문에서 이 경을 편술(編述)한 것에 대해 밝히고 있는데 자료에 관해 서술한 곳은 다음과 같다.

(1) 경초(經初)의 43게는 구마라라타(鳩摩羅羅陀) 법사가 지은 것이다.

(2) 경 마지막 20게는 마명(馬鳴)이 지은 것이다.

(3) 오종법문(五種法門)[7]에서는 바수밀(婆須蜜), 승가라찰(僧伽羅叉), 구파굴(漚波崛), 승가사나(僧伽斯那), 륵비구(勒比丘), 마명(馬鳴), 라타(羅陀)의 선요(禪要) 중에서 초록하여 번역하였다.

(4) 육각(六覺) 중의 게〔수식관(數息觀)의 육묘문(六妙門) 제1, 수(數)에서의 설명에 육각이 나온다〕는 마명보살이 닦고 익힌 것이고 지

6) 『出三藏記集』「尋蒙抄撰衆家禪要, 得此三卷.」(T. 55-65.上)

7) 여징, 『중국불교학 강의』(각소 옮김, 민족사,1992), p. 124.

금은 이것에 따라 육각을 번역했다.

(5) 경의 처음에 음욕의 모습, 성냄의 모습, 어리석음의 모습을 그 삼문(三門)과 함께 모두 승가라찰이 찬(撰)한 것이다.

(6) 식문(息門)의 6가지 느낌〔六事〕(수식관과 육묘문)에 관해서는 여러 논사의 설을 모았다.

(7) 보살선(菩薩禪) 중에는 훗날 다시 『지세경(持世經)』에 의거하여 증보(增補)하고, 별도로 12인연(十二因緣) 1권, 요해(要解) 2권을 찬(撰)하였다.

승예가 찬역한 이 경에 대하여 그들 스스로 말하는 부분이기 때문에 위의 자료에 관해서도 거의 모두 신빙성이 있지만 처음부터 관계 문헌을 섭렵한 결과가 아니고서는 확실하게 보증할 수는 없다.

『좌선삼매경』과 『수행도지경』의 관계

오직 승가라찰에 관한 부분에서 『수행도지경』과 비교하고 있다. 처음 선(禪)에 들어가는 자가 그 마음의 모습과 성질을 어떻게 관(觀)해야 하는가에 대한 설명은 두 경이 서로 유사하다. 특히 탐진치(貪瞋癡) 세 가지 종류의 모양을 설하는 단락은 『수행도지경』 권2의 「분별상품(分別相品)」 제8에 나타나는 19배(輩) 중에 처음 3배의 문장과 거의 일치한다.[8] 『좌선삼매경』이 『수행도지경』에 따라서 이 단락의 문장을 지은 것이 아닐까 한다.

또 이 경의 다섯 가지 법문 중에 염불관을 제외한 사문(四門)은 『수행도지경』의 같은 품에 열거한 부분과 모두 같다. 하지만 승예가 이르기를 "음욕의 모습, 성냄의 모습, 어리석음의 모습은 그 삼문(三門)과 함께 모두 승가라찰이 찬(撰)한 것"[9]이라고 하며, 『수행도지경』과의 비교에서는 음에치(婬恚癡)의 삼상(三相)은 인정되지만 그 삼문에 관한 설명은 크게 다른 것이 있다고 한다.

이 경 전체의 결구는 『수행도지경』과 유사하게 나타나고, 후자는 전후가 뒤섞여서 시종일관되게 맥락을 벗어나 부족하지만 대체로 오정심에서 시작하여 사선, 사무색, 오통을 얻는 한 계열을 나타낸 후에 사념처 내지 사향사과의 한 계열을 나타내고, 최후에 연각도와 보살선을 설하고 선관수도(禪觀修道)의 단계를 개괄하고 있는 점은 두 경 대부분에서 흔적이 보이고 있다.

오히려 사선과 함께 성문도 단계의 정도를 이야기함에 있어서 두 경 모두 대부분 유부(有部)의 법상(法相)에 치우치면서 양자 모두 다소 비유부(非有部) 계통의 법상을 가미한 점도 비슷하다고 할 수 있다.

---

8) 『수행도지경』 2권, "사람의 마음을 관찰하는 19가지 중에 첫째, 음란을 탐함이요, 둘째는 성냄이요, 셋째는 어리석음을 이른다." (T. 15~192.中~193下)

9) 『出三藏記集』, "婬恚癡相及其三門, 皆僧伽羅叉之所撰也." (T. 55-65. 中)

『좌선삼매경』의 번역을 전하고 유포함

이 경은 앞에서 서술한 것과 같이 구마라집 삼장(三藏)이 역출(譯出)한 것이다. 승예의 서문에 의하면, 홍시(弘始) 9년(서기 406년) 윤달 5일 재차 검교(檢校)한 것을 구하여 처음 나올 때에 자세히 알지 못한 것을 따져 상정한 것이고, 『출삼장기』는 『좌선삼매경』 외에 『선법요해(禪法要解)』 3권의 이름을 열거하여 그 아래에 거듭 교정하여 일부를 주기(註記)하고 있다. 하지만 『선법요해』와 이 경이 동일한지 그렇지 않으면 이 경의 아래에 기록해야 하는데 잘못하여 주해(註解)했을 것이다.

『역대삼보기(歷代三寶記)』는 이진록(二秦錄), 보창록(寶唱錄) 등에 따라 처음 번역한 시기를 홍시 4년 정월 5일이라 기록하고, 『개원록(開元錄)』 등은 그대로 답습하여 처음 번역하고 거듭 교정하여 년시(年時)를 다음과 같이 병기하고 있다. 따라서 권수에 대하여 현존하는 것은 2권이고, 승예의 서(序)에 삼장기(三藏記), 삼보기(三寶記) 등은 3권으로 법경(法經), 언종(彦悰), 정태(靜泰)의 세 곳의 기록은 2권이고, 『개원록』은 3권 혹은 2권이지만 책을 나눔에 있어 내용의 증감이 있었던 것은 아닐 것이다.

다음 이 경의 이역이명(異譯異名)에 대해 경록(經錄)의 소재를 한 마디로 말하면 『역대삼보기』와 함께 불경의 기록에 『좌선삼매경』 3권, 『아련약습선법(阿練若習禪法)』 2권, 모두 구마라집이 번역한 것으로 동본이역(同本異譯)으로 기록하고 법경, 언종, 정태의 세 가지

기록 또한 동본이역으로 하고 있다.

그리고 삼보기, 불경의 기록과 함께 송(宋)의 구나발타라가 『아련약습선법(阿練若習禪法)』 2권을 역출한 것을 기재하고 있다. 『출삼장기』에서는 『아련약습선법경』의 실역(失譯) 부분에 이 보살선법의 제1권을 초출(抄出)한 것이라고 주기(註記)하고 있을 뿐이고, 구마라집이나 구나발타라도 이 경의 역출(譯出)에 대해서는 언급하지 않는다.

『개원록』 등에 보면 구마라집 역(譯)의 『좌선삼매경』과 구나발타라 역의 『아란약경(阿蘭若經)』은 같은 본 다른 번역으로 두 가지 번역이 하나로 존재하지만, 후자는 결실(缺失)하여 전해지지 않는다.

그리고 구마라집 역의 『아란약경』은 문장이 전부 동일하기에 오직 이름을 달리하여 전할 뿐 다르게 해석해서는 안 되며 두 줄이 필요하지 않다고 말하고 있다. 다만 발타라 역의 『아란약경』에 관해서는 경록(經錄)의 잘못으로 누락되어 오직 구마라집이 번역한 것만 전해지고 있다.

『좌선삼매경』이 중국불교에 끼친 영향

좌선삼매경에 관한 세밀한 주해(註解) 연구는 거의 없지만 앞에서 기술한 것과 같이 여러 선경(禪經) 중에 가장 뛰어난 경전이므로 남북조 시대의 선법(禪法)을 수행하는 자는 반드시 독송을 하였고, 단순히 선경이라 말하면 이 경을 가리키는 경우가 적지 않았을 것이기에 그 변천(變遷) 과정을 살펴보는 것은 중요한 일이다.

당대의 문헌에 의하면 남방의 혜원(慧遠) 일파는 각현(覺賢)이 번역한 『달마다라선경』을 선경으로 진귀하게 여겨 소중히 대하였고, 구마라집의 일문(一門)을 비롯하여 북방의 선계(禪界)에서는 『좌선삼매경』이 극히 중요한 위치를 점하고 있다.

그리고 여러 종류의 선관(禪觀)을 섭취하고 종지(宗旨)의 발달에 따라 다음 단계의 질서를 세우려고 했던 것처럼 조직법(組織法)으로 나아가며, 후에 천태지의(天台智顗)가 지관법문(止觀法門)을 종합적으로 대성할 즈음에도 이 경을 적절히 참고했을 것이다.

천태지의는 『차제선문(次第禪門)』 등 선경에서 말하는 것을 인용하는 경우 반드시 이 경을 가리키고 주로 이 경을 그대로 적용한 것으로 보아 음으로 양으로 중국선교(中國禪敎)의 발달에 적지 않은 영향을 미쳤음을 인정하지 않을 수 없다.

구마라집의 생애

구마라집〔Kumārajīva, 344~413(또는 350~409)〕은 중국 4대 역경가 중 한 명이다. 구자국(龜玆國) 출신으로 구마라집 · 구마라집바(鳩摩羅什婆) · 구마라기바(拘摩羅耆婆 · 鳩摩羅耆婆) · 구마라시바(鳩摩羅時婆) 등으로도 음사하고, 줄여서 라집(羅什) · 집(什)이라고도 하며, 동수(童壽)라고 한역한다.

전기를 기술한 근본자료인 『출삼장기집(出三藏記集)』 권14(대정장

55, pp. 100~102)에는 405~418년 사이라고 하였고, 『양고승전(梁高僧傳)』 권2(대정장 50, pp. 330~333)에서는 405년(홍시 7) · 406년(홍시 8) · 409년(홍시 15) 등 세 가지 설을 기록하였고, 『광홍명집(廣弘明集)』 권23에 수록되어 있는 승조(僧肇)의 『구마라집법사뢰(鳩摩羅什法師誄)』(대정장 52, p. 264b)에는 "413년(홍시 15) 나이 70세가 되던 해 4월 13일 대사(大寺)에서 입적하였다."라고 하는 등 그의 생몰연대는 여러 자료마다 다른 점이 많다.

생몰연대에 대한 의문이 있으나 승조가 찬술했던 『구마라집법사뢰』(『광홍명집』 권23)의 설에 근거하여 홍시 15년(413)을 입멸연대로 하고, 이 때의 나이가 70세라고 한 것을 근거로 거꾸로 계산하면 건원 2년(344)에 태어났다고 할 수 있다.

그러나 구마라집과 승조를 종조로 하는 삼론종의 계승자라고 자처하는 길장(吉藏)의 저술인 『백론소(百論疏)』에서는 구마라집의 입멸 연대를 405년(홍시 7)이라 하였고, 『유마경의소(維摩經義疏)』에서는 406년(홍시 8)이라고도 하는 등 기록이 엇갈리고 있는 것으로 보아 많은 문제가 있다.

구마라집은 인도사람인 구마라염(鳩摩羅炎)을 아버지로, 구자국왕(龜玆國王)의 누이동생을 어머니로 하여 구자국에서 태어났다. 일곱 살에 출가하여 경(經)을 배워 날마다 1,000게송을 암송하였고, 아홉 살 때는 역시 출가했던 어머니와 함께 계빈(罽賓)으로 옮겨 반두달다(槃頭達多)에게 사사하고 잡장(雜藏)인 『중아함경』 · 『장아함경』을 배웠다. 열두 살 때 어머니와 함께 계빈국(罽賓國)을 떠나 구자국으로 돌아오는 도중에 소륵(疏勒)에 들러서 부처님 발우를 머리에 이었다. 구마라집은 소륵에서 머문 지 1년 동안에 『아비담(阿毘曇)』·『육족론(六足論)』·『증일아함경』 등을 독송하였다.

사문인 희견(喜見)의 추천에 의하여 소륵왕(疏勒王)에게 중용되어 『전법륜경(轉法輪經)』을 강의하였다. 이 밖에 4베다·5명(五明: 聲明·工巧明·醫方明·因明·內明)과 같은 인도 고전을 비롯하여 여러 학문을 널리 연구하였다.

구마라집의 초기학습은 소승불교를 주로 하였지만 수리야소마(須利耶蘇摩)에게 사사하여 대승불교를 배워 『중론(中論)』·『백론(百論)』 등을 배웠다. 다시 구자국으로 돌아가던 중 온숙국(溫宿國)에서 당시 명성을 떨치던 도사(道士)와 논쟁하여 굴복시키자 명성이 사방에 퍼졌고, 구자왕은 몸소 온숙에 가서 구마라집을 모셔 왔다. 20세에는 비마라차(卑摩羅叉)에게서 『십송률(十誦律)』을 배웠다〔혹은 소륵의 불타야사(佛陀耶舍)에게서 『십송률』을 배웠다〕. 그 후 구자국의 신사(新寺)에 머물며 『방광반야경(放光般若經)』을 입수하여 공부하기 시작해서 마침내 모든 대승경론(大乘經論)에 두루 통달하였다.

구마라집에게 일찍이 소승교를 가르쳐준 옛 스승인 반두달다는 계빈국에서 구자국으로 와서 구마라집으로부터 대승의 깊은 뜻을 배웠다고 한다. 그로 인하여 대승학자로서의 구마라집의 명성은 서역 전역과 중국에까지 널리 알려졌다.

당시 관중(關中)에서 세력을 떨친 전진왕(前秦王) 부견(符堅)은 382년(건원18)에 장군 여광(呂光)에게 구자국을 정벌하여 왕실을 멸하고 구마라집을 데려오도록 하였다. 이에 구자국을 정벌하고 구마라집을 동반하고 전진으로 돌아가던 여광은, 부견이 요장(姚萇)에게 살해되어 전진(前秦)이 멸망했다는 소식을 듣고 양주(凉州)를 평정하여 후량국(後凉國)을 세웠기 때문에 구마라집도 16~17년간 양주에 머물렀다.

후에 후진(後秦)의 요흥(姚興)은 401년(홍시 3)에 후량을 토벌하고 구마라집을 장안으로 모셔왔다. 도안(道安)을 숭배했던 전진왕 부견의 뒤를 이어받아 삼보를 존숭한 요흥은 국사(國師)의 예를 갖추어 구마라집을 맞이하였다. 구마라집은 402년(홍시 4) 정월부터 소요원(逍遙院)의 서명각(西明閣)에서 승조(僧肇)·승엄(僧嚴) 등을 비롯한 여러 제자와 함께 경론을 한역하였다. 그 후 십여 년간 오로지 경론의 전역(傳譯)과 강설(講說) 등에 종사하면서 문하에 수천 명의 영재를 교화하였다.

구마라집이 402년(홍시 4)부터 413년(홍시 15)에 걸쳐서 12년 동안에 번역했던 경전이 매우 많은데, 『출삼장기집』에서는 35부 294권, 『개원석교록(開元釋教錄)』에서는 74부 384권, 『역대삼보기(歷代三寶紀)』에서는 97부 425권이라고 하였다. 어느 설을 따르던 300권 이상의 대번역사업을 완수하였음을 알 수 있다.

그 주된 것을 보면 『대품반야경(大品般若經)』·『묘법연화경(妙法蓮

華經)』·『아미타경(阿彌陀經)』·『사익범천소문경(思益梵天所問經)』·『유마경(維摩經)』·『금강경(金剛經)』 등의 대승경전과 『좌선삼매경(坐禪三昧經)』·『선비요법경(禪秘要法經)』 등의 선경전(禪經典)과, 그리고 『십송률(十誦律)』·『십송비구계본(十誦比丘戒本)』 등의 율전(律典), 또한 『중론(中論)』·『십이문론(十二門論)』·『백론(百論)』·『대지도론(大智度論)』·『성실론(成實論)』 등의 논서(論書)를 비롯하여 『마명보살전(馬鳴菩薩傳)』·『용수보살전(龍樹菩薩傳)』·『제바보살전(提婆菩薩傳)』 등의 전기류(傳記類)에 이르고 있다. 그 밖의 저서로는 요홍을 위하여 『실상론(實相論)』 2권을 지었다고 한다.

또 여산혜원의 의문에 대해 답장을 보내는 형식으로 이루어진 『구마라집법사대의(鳩摩羅什法師大義)』 3권 18장은 『대승대의장(大乘大義章)』이라고도 한다. 구마라집이 일생 동안 가장 힘을 기울인 것은 반야 계통의 대승경전과 용수(龍樹)와 제바(提婆) 계통의 중관부 논서의 번역으로 인도 중관불교와 주요한 대승경전을 중국에 전달한 최대의 공로자였다.

구마라집의 역출경전과 그의 문하에서 수학한 많은 제자들은 이후 중국불교의 흐름에 큰 영향을 미쳤다. 특히 『중론』·『백론』·『십이문론』 등 세 가지 논서는 단순한 번역에 그치지 않고, 그의 지도를 받은 승조·담연 등의 제자들을 통하여 철학적인 발전을 이루었고, 다시 승랑(僧朗)·승전(僧詮)·법랑(法朗) 등을 경유한 후 수나라의 길장(吉藏)에 의해서 삼론종(三論宗)으로서 집대성되기에 이른다. 또 『대지도론』도 삼론(三論)과 함께 사론학파(四論學派)를 발생시켰으며, 다시 『법화경』은 천태종이 성립하는 근거를 제공하였다. 또한 『성실론』은 성실학파의 기초가 되었으며, 이 밖에 『아미타경』과 『십주비바사론(十住毘婆沙論)』은 정토교의 소의경론이 되었다. 『미륵성불경(彌勒成佛經)』 등은 미륵신앙의 발달을 촉진시켰으며, 『좌선삼매경』 등은 보살선(菩薩禪)의 유행을 촉진시켰다. 『범망경(梵網經)』은 대승계율을 전하였으며, 『십송률』은 율장 연구의 자료를 제공하였다.

그는 고장(姑藏)에서 여광에 의해 억지로 구자국(龜玆國)의 왕녀를 처로 맞이하였고, 장안에서는 요흥에게서 기녀(妓女) 열 명을 제공받았다. 구마라집은 강설할 때에 "예를 들면 진흙 속에서 연꽃이 피어나듯이 모든 사람들은 냄새나는 진흙을 보면서도 오직 연꽃을 보아야 한다."(『양고승전(梁高僧傳)』 권2, 구마라집전)라고 변호했다고 하는데, 혹은 전설에 불과할 뿐 사실이 아닐지 모르지만, 계율을 지키는 데 엄격했던 도안(道安)이나 혜원(慧遠) 등과는 다른 특이한 수행자였다고 여겨지기도 한다.

삼천 명에 이르는 구마라집의 문하생 중에 승조(僧肇) · 승예(僧叡) · 도생(道生) · 도융(道融) · 도항(道恒) · 담영(曇影) · 혜관(慧觀) · 담제(曇齊)[10] 등을 구마라집 문하의 8준(俊)이라고 하는데, 특히 앞

10) 구마라집 문하에 사성(四聖)과 사영(四英)이 있는데 사영 중에서 『중국불교사』에서는 담제(曇齊) 대신에 혜엄(慧嚴)이 포함된다. 겸전무웅, 『중국불교사』(정순일 역, 경서원, 1996), pp. 70~71.

의 4명은 관중의 4걸(四傑) 또는 4성(四聖), 뒤의 네 명은 4영(四英)이라고 한다.

『좌선삼매경』을 번역하면서 구마라집이 번역을 주로 한 학승이라는 편견 때문에 그의 선경에 대해서는 그 동안 많이 주목받지 못했다는 점이 안타까웠다.

남방 수행서인 『청정도론』과 『좌선삼매경』 비교를 통하여 남방 선수행(禪修行) 체계와 중국에 처음으로 언급된 보살선(菩薩禪)에 대해서 살펴보는 것도 『좌선삼매경』을 이해하는 데 많은 도움이 되리라 생각한다. 아울러 본서가 현재 우리나라 수행자들에게 미력하나마 도움이 되길 바라는 마음 간절하다.

끝으로 역자 능력 부족으로 『좌선삼매경』을 제대로 설명해내지 못한 점에 대해 송구스럽게 생각하며 잘못된 부분에 대해서는 독자들의 가차 없는 질정을 바란다.

불기 2549년 정월

좌선삼매경 ● 상

좌선삼매경(坐禪三昧經) 권(卷) 상(上)

姚秦三藏 鳩摩羅什 譯[1]

Ⅰ. 서언(序言)

1. 선(禪)을 닦아야 할 이유

導師說難遇, 聞者喜亦難.

大人所樂聽, 小人所惡聞.

衆生可愍傷, 墜老死嶮路.

野人[2]恩愛奴, 處畏癡不懼.

世界若大小, 法無有常者.

一切不久留, 暫現如電光.

是身屬老死, 衆病之所歸.

薄皮覆不淨, 愚惑爲所欺.

---

1) 원, 명 二本에는 '僧伽羅剎造姚秦法師羅什譯'으로 기록되어 있다.

2) 야인(野人)은 원, 명, 궁본에는 상위(常爲)로 되어 있다.

汝常爲老賊, 呑滅盛壯色.

如華鬚枯朽, 毀敗無所直.

頂生王功德, 共釋天王坐, 報利福弘多, 今日悉安在.

此王天人中, 欲樂具爲最, 死時極苦痛. 以此可悟意.

諸欲初軟樂, 後皆成大苦.

亦如怨初善, 滅族禍在後.

是身爲穢器, 九孔常流惡.

亦如那利瘡, 絶治於醫藥.

骨車力甚少, 筋脈纏識轉, 汝以爲妙乘, 忍著無羞恥.

死人所聚處, 委棄滿塚間.

生時所保惜, 死則皆棄捐.

常當念如是, 一心觀莫亂.

破癡倒黑瞑, 執炬以明觀.

若捨四念止, 心無惡不造.

如象逸無鉤, 終不順調道.

今日營此業, 明日造彼事, 樂著不觀苦, 不覺死賊至.

忽忽爲己務, 他事亦不閑.

死賊不待時, 至則無脫緣.

如鹿渴赴泉, 已飮方向水, 獵師無慈惠, 不聽飮竟殺.

癡人亦如是, 懃修諸事務, 死至不待時.

誰當爲汝護.

人心期富貴, 五欲情未滿.

諸大國王輩, 無得免此患.

仙人持呪箭, 亦不免死王.

無常大象蹈, 蟻蛭與地同.

且置一切人.

諸佛正眞覺, 越度生死流, 亦復不常在.

以是故當知.

汝所可愛樂, 悉應早捨離, 一心求涅槃.

後捨身死時, 誰當證知我.

復得遇法寶, 及以不遇者, 久久佛日出, 破大無明瞑,

以放諸光明, 示人道非道.

我從何所來, 從何處而去, 何處得解脫.

此疑誰當明.

큰 스승(導師)[3]의 말씀은 만나기 어렵고 듣는 자가 기뻐하기 또한 어렵다.

대인은 듣기를 즐거워하고 소인은 듣기를 싫어한다.

중생은 가엾이 늙고 죽음의 험난한 길에 떨어진다.

---

3) 도사(導師 nāyaka): 생사(生死)의 고(苦)에서 벗어나기 위해 출가하여 선법(禪法)을 수행하여 해탈을 밝히는 것. 승예(僧叡)의 서문에 의하면, 이 오언절구의 43게송은 구마라타(鳩摩羅陀)가 지은 것이라고 한다.

야인은 은애의 노예로서 어리석어 두려움에 처해서도 두려워할 줄 모른다.

세계는 비록 크고 작은 것이 있지만 법은 영원한 것이 있을 수 없다.

일체의 것은 오래 머물지 않으니 잠시 나타나는 것이 번갯불과 같다.

이 몸은 늙고 죽음에 속하고 갖가지 병들이 돌아갈 곳이다.

얇은 가죽으로 더러운 곳을 가리고 어리석음과 미혹에 속게 된다.

항상 늙음의 도적이 건장한 기색을 삼켜 소멸시킨다.

꽃다발이 마르고 썩는 것과 같이 훼손되어 가치가 없어진다.

정생왕(頂生王)[4]의 공덕은 석천왕(釋天王)[5]과 함께 앉고 과보의 이익과 복덕은 크고 많아서 오늘은 모두 편안하게 있다.

이 왕은 천인 가운데서 욕락을 갖추는 것으로 최고를 삼지만 죽을 때는 매우 고통스러워한다.

이것 때문에 마음을 깨달을 수 있다.

일체의 욕망은 처음에 부드럽고 즐거우나 뒤에는 모두 커다란 고통이 된다.

---

4) 정생왕(頂生王 Mūrdhagata): 장정왕(長淨王)의 정수리에서 태어나 도리천에 올라가서 제석천왕과 함께 쾌락을 좇는다고 한다.

5) 석천왕(釋天王 Sakra Devānām-indra): 석가제환인다라(釋迦提桓因陀羅). 범천과 함께 불법을 수호하는 신. 수미산의 꼭대기 도리천의 임금으로 희견성(喜見城)에 산다.

또한 원수도 처음에는 잘하지만 종족을 멸망시키는 화가 뒤에 있는 것과 같다.

이 몸은 더러운 그릇이라 아홉 구멍〔九孔〕[6]으로 항상 더러운 것이 흐른다.

또한 나리(那利) 종양처럼 의약으로 치료할 수 없다.

골차(骨車)의 힘이 매우 적고 근육과 맥박에 묶여 의식이 오락가락하니 그대는 그것을 미묘한 수레로 삼아 인착(忍著)하여 수치심이 없다.

죽은 사람이 모이게 되는 곳에 버려져 무덤 사이에 가득 찬다.

살아서는 보호하고 아끼더니 죽고 나니 모두 버려서 훼손된다.

항상 마땅히 이와 같이 생각하되 한마음으로 관찰하여 흔들리지 말라.

어리석음과 뒤집힘과 검은 것과 어두움을 깨뜨리고 횃불을 들고 밝게 관찰하라.

만약 사념지(四念止)[7]를 버린다면 마음은 어떤 악한 짓도 하지 아니함이 없다.

마치 코끼리를 풀어놓아 굴레가 없는 것과 같이 끝내 조도(調道)에 따르지 않게 된다.

---

6) 구공(九孔): 육체의 9개의 문. 양쪽눈 · 양쪽귀 · 양쪽코 · 입 · 대소변의 9군데를 말함. 이로부터 항상 더러운 것이 나오므로 육신의 집착을 여의라는 뜻.

7) 4념지(四念止)는 사념처(四念處)의 다른 명칭이다.

오늘 이 업을 짓고 내일 저 일을 만들며 즐거움에 집착하여 고통을 살피지 못하니 죽음의 도적이 다가왔는지도 깨닫지 못한다.

바쁘게 자신의 일을 하고 남의 일도 또한 등한히 하지 않는다.

죽음의 도적은 때를 기다리지 않고 다가온 인연은 벗어날 수 없다.

마치 사슴이 목이 말라 샘가에 다가가 물을 마시려 하다가 마침내 무자비한 사냥꾼의 소리를 듣지 못해 죽는 것과 같다.

어리석은 사람도 또한 이와 같아서 부지런히 여러 가지 사무를 닦더라도 죽음에 이르면 때를 기다리지 않는다.

누가 마땅히 그대를 보호해 줄 것인가?

사람의 마음은 부귀를 기다리지만 다섯 가지 욕정[五欲][8]이 아직 차지 않는다.

모든 대국의 왕들도 이 환난에서 벗어날 수 없다.

선인이 주술의 화살을 지니고 있더라도 또한 죽음의 왕을 피할 수 없다.

무상의 큰 코끼리는 개미나 거머리 밟기를 땅과 같이 한다.

그런데 일체의 사람들은 문제삼지 않는다.

모든 부처님의 바르고 참된 깨달음으로 생사의 흐름을 건너더라도 또한 항상 있는 것은 아니다.

---

8) 오욕(五欲): 욕망의 대상이 되는 색(色) · 성(聲) · 향(香) · 미(味) · 촉(觸) 오경(五境)에 집착하여 일으키는 정욕(情欲), 또는 재욕 · 색욕 · 음식욕 · 명예욕 · 수면욕 등을 말한다.

이런 까닭에 마땅히 알아야 한다.

그대가 사랑하고 즐기는 것들을 다 일찍이 버리고 일심으로 열반을 구해야 한다.

뒷날 몸을 버리고 죽을 때 누가 마땅히 나를 깨닫게 할 것인가?

다시 법보를 만나든 만나지 못하든 오랫동안 부처님의 빛이 나와 커다란 무명의 어둠을 깨뜨리고 일체의 광명을 놓아 도(道)와 도 아닌 것을 사람들에게 보여주리라.

나는 어느 곳에서 와서 어느 곳으로 가며 또 어느 곳에서 해탈을 얻겠는가?

이런 의문을 누가 마땅히 밝혀 주리오.

佛聖一切智, 久遠乃出世.

一心莫放逸, 能破汝疑結.

彼不樂實利, 好著弊惡心, 汝爲衆生長, 當求實法相.

誰能知死時, 所趣從何道.

譬如風中燈, 不知滅時節.

至道法不難, 大聖指事說, 說智及智處.

此二不假外.

汝若不放逸, 一心常行道, 不久得涅槃, 第一常樂處.

利智親善人, 盡心敬佛法, 厭穢不淨身, 離苦得解脫.

閑靜修寂志, 結跏坐林間, 檢心不放逸, 悟意覺諸緣.

若不厭有中, 安睡不自悟, 不念世非常, 可畏而不懼,

煩惱深無底, 生死海無邊, 度苦船未辦, 安得樂睡眠.

是以當覺悟, 莫以睡覆心, 於四供養中, 知量知止足.

大怖俱未免, 當宜懃精進.

一切苦至時, 悔恨無所及.

衲衣坐樹下[9], 如所應得食, 勿爲貪味故, 而自致毁敗.

食過知味處, 美惡都無異.

愛好生憂苦.

是以莫造愛.

行業世界中, 美惡無不更.

一切已具受, 當以是自抑.

若在畜獸中, 飼草[10]爲具味.

地獄呑鐵丸, 燃熱劇迸鐵.

若在薜荔中, 膿吐火糞屎, 涕唾諸不淨, 以此爲上味.

若在天宮殿, 七寶宮觀中, 天食蘇陀味, 天女以娛心.

人中務貴處, 七饌備衆味.

一切曾所更.

今復何以愛, 往返世界中.

厭更苦樂事, 雖未得涅槃, 當懃求此利.

---

9) 대정장, 고려장에는 樹下坐로 되어 있으나 원, 명, 궁본에는 坐樹下로 되어 있다.
10) 대정장, 고려장에는 噬으로 되어 있으나 원, 명, 궁본에 있는 飼로 고친다.

부처님의 성스러운 일체 지혜는, 아득한 옛날에 세상에 나왔다.

일심으로 게을리 하지 말아야 그대의 의심 덩어리를 깨뜨릴 수 있다.

중생들은 참다운 이익을 즐기지 아니하고 폐악(弊惡)한 마음에 집착하나니, 그대는 중생들을 위하여 오랫동안 마땅히 참다운 법의 모습을 찾아야 한다.

누가 능히 죽을 때 어떤 길을 따라가야 할지 알 수 있겠는가?

예컨대 바람 속의 등불처럼 사라질 시기를 알 수 없는 것과 같다.

도법에 이르는 것은 어렵지 않나니 위대한 성현께서는 이 일을 가리켜 설하시고 지혜와 지혜의 처소〔智處〕를 설하셨다.

이 두 가지는 바깥에 의지하지 않는다.

그대가 만일 게으르지 않고 일심으로 항상 도를 행한다면 오래지 않아 열반의 제일가는 상락처(常樂處)를 얻을 것이다.

날카로운 지혜로 착한 사람들을 가까이 하고 마음을 다하여 불법을 받드니 더럽고 깨끗하지 않은 몸을 싫어하여 고통을 여의고 해탈을 얻는다.

한가롭고 고요히 적지(寂志)[11]를 닦아 결가부좌한 채 숲 속에 앉아 마음을 점검하여 게을리하지 않았으므로 뜻을 깨닫고 갖가지 인연을 깨닫는다.

---

11) 적지(寂志): 정심(定心), 선정의 마음.

만일 유중(有中)[12]을 싫어하지 않으면 편안히 잠자고 스스로 깨닫지 않으며 세상이 영원하지 않음을 생각하지 않고 두려워해야 하나 두려워하지 않고 번뇌가 깊어 끝이 없으며 생사의 바다는 가이없고 고통을 건너갈 배가 아직 갖춰지지 않았는데 어찌 잠자는 것을 즐길 수 있으리오.

이로써 마땅히 깨닫고 잠자는 것으로 마음을 덮지 말라. 네 가지 공양(四供養)[13] 중에서 양을 알고 그침과 만족함을 알아야만 한다.

커다란 두려움에서 아직 벗어나지 못했으니 마땅히 부지런히 정진하라.

일체의 고뇌가 닥칠 때에는 회한이 미칠 곳이 없다.

납의(衲衣)[14]를 걸치고 나무 아래에 앉아 있으면 마땅히 음식을 얻을 것이니 맛을 탐냄으로써 자신을 훼손하지 말라.

먹는 것이 지나치면 미처(味處)를 알더라도 좋고 나쁨이 모두 다르지 않다.

사랑하고 좋아하면 근심과 고뇌를 낳는다.

이런 까닭에 사랑을 만들지 말라.

업을 행하는 세계 속(行業世界中)[15]에서는 좋고 나쁨이 모두 다르지 않다.

---

12) 유중(有中)의 유(有)는 삼계미망(三界迷妄)에서 생존한다는 의미이다.

13) 4공양(四供養): 네 가지 공양. 음식 · 의복 · 와구 · 의약을 4사공양(四事供養)이라고 하며, 비구에게 허락하여 정당하게 수용하는 물질.

14) 납의(衲衣): 분소의(糞掃衣), 낡고 헌 폐의(弊衣)를 기워 만든 비구의 법의(法衣).

일체를 이미 갖추고 받았으니 마땅히 이것으로써 스스로를 억누르라.

만약 축생 중에 있다면 사초(飼草)[16]하여 맛을 갖추게 되리라.

지옥에서는 쇠구슬을 삼키나 타오르는 열이 극심해서 쇠를 물리친다.

만일 설여(薛荔)[17] 속에 있다면 고름을 토하고 똥과 오줌을 태운 것, 눈물과 침 등의 깨끗하지 않은 것들, 이것들로써 으뜸가는 맛을 삼는다.

만일 하늘의 궁전에 있으면 칠보의 궁전 속에서 하늘의 음식과 소타(蘇陀)[18]를 맛보며 천녀들이 마음을 즐겁게 해준다.

사람들은 호화롭고 부귀하기를 힘써 일곱 가지 음식으로 갖가지 맛을 갖추었다.

일체는 거듭 바뀌는 것이다.

이제 다시 무엇을 사랑하며 세계 속에 왕래하리오.

더욱이 괴롭고 즐거운 일을 싫어한다면 비록 열반을 증득하지는 않았다 하더라도 마땅히 부지런히 이 이로움을 구해야만 한다.

---

15) 행업세계중(行業世界中): 번뇌업에 의하여 이리저리 떠돌아다니는 세계(世界) 속으로.
16) 사초(飼草): 풀을 기르다.
17) 설여(薛荔 Preta): 아귀의 세계(餓鬼道). 육도, 오도(五道) 및 삼악도(三惡道)의 하나.
18) 소타(蘇陀 sudhā): 수다(須陀)라고도 한다. 우유의 종류로 맛있는 음료이다.

2. 먼저 지계(持戒)를 견고히 하다

學禪之人, 初至師所, 師應問言. 汝持戒淨不. 非重罪惡邪不. 若言五衆戒淨無重罪惡邪, 次教道法. 若言破戒, 應重問言. 汝破何戒. 若言重戒, 師言, 如人被截耳鼻不須照鏡. 汝且還去, 精懃誦經勸化作福, 可種後世道法因緣. 此生永棄. 譬如枯樹雖加溉灌, 不生華葉及其果實. 若破餘戒, 是時應教如法懺悔. 若已清淨, 師若得天眼他心智, 卽爲隨病說趣道之法. 若未得通應當觀相. 或復問之. 三毒之中何者偏重, 婬欲多耶, 瞋恚多耶, 愚癡多耶.

선(禪)을 배우는 사람이 처음 스승에게 찾아오면 스승은 마땅히 질문을 해야 한다. "그대는 계율을 청정하게 지켰는가? 무거운 죄와 나쁜 행위는 없지 아니한가?"

만약 오부대중(五衆)[19]이 계가 청정하고 무거운 죄와 나쁜 행위가 없다고 말한다면 다음에 도법을 가르친다. 만일 파계했다고 말한다면 마땅히 거듭 질문해야 한다. "그대는 어떤 계를 깨뜨렸는가?"

만일 무거운 계를 깨뜨렸다고 말한다면 스승은 "사람이 귀와 코가 잘리게 되면 거울에 비추어 볼 필요가 없는 것과 같다. 네가 돌아가서 정근하고 경전을 읽으며, 교화에 힘써서 복을 지으면 후세

---

19) 오중(五衆): 비구 · 비구니 · 식차마나(式叉摩那: 법을 배우는 여자) · 사미(沙彌) · 사미니(沙彌尼)이다.

에 도법의 인연을 심을 수 있을 것이다. 금생에는 영원히 포기하라. 예컨대 마른 나무는 물을 주더라도 꽃과 잎사귀와 과실을 생산하지 못하는 것과 같다."고 말해야 한다.

만약 나머지 계를 깨뜨렸다면 이때는 마땅히 법대로 참회를 시켜야 한다. 만약 이미 청정하다면, 스승이 만일 천안(天眼)과 타심(他心)[20]의 지혜를 얻었다면 곧 병에 따라서 도(道)에 나아가는 방법을 설한다. 만약 아직 신통을 얻지 못했으면 마땅히 모습을 관찰해야 하고, 혹은 다시 질문을 한다.

"삼독 중에 어떤 것에 편중되어 있는가? 음욕(婬欲)이 많은가, 성냄이 많은가, 어리석음이 많은가?"[21]

(1) 음욕(婬欲)의 모습

云何觀相. 若多婬相爲人輕便, 多畜妻妾多語多信, 顏色和悅言語便易. 少於瞋恨亦少愁憂, 多能技術好聞多識. 愛著文頌善能談論, 能察人情多諸畏怖. 心在房室, 好著薄衣渴欲女色, 愛著臥具服飾香華. 心多柔軟能有憐愍, 美於言語好修福業, 意樂生天. 處衆無難, 別人好醜, 信任婦女, 欲火熾盛心多悔變. 憙自莊飾好觀彩畫. 慳惜己物傍倖他財. 好結親友不憙獨處.

---

20) 천안타심(天眼他心): 천안통(天眼通), 초자연적인 눈. 타심통(他心通), 타인의 마음상태를 아는 것.

21) 『수행도지경(修行道地經)』 2권에 사람의 마음을 관찰하는 19가지 중에 첫째, 음란을 탐함이요, 둘째는 성냄이요, 셋째는 어리석음을 이른다.(T. 15~192. 中~193.下)

樂著所止隨逐流俗, 乍驚乍懼志如獼猴. 所見淺近作事無慮, 輕志所爲趣得適意憙啼憙哭. 身體細軟不堪寒苦. 易阻易悅不能忍事. 少得大喜, 少失大憂, 自發伏匿. 身溫汗臭薄膚細髮多皺多白. 剪爪治鬚, 白齒趣行憙潔淨衣. 學不專一好遊林苑, 多情多求意著常見. 附近有德先意問訊, 憙用他語强顏耐辱. 聞事速解, 所爲事業, 分別好醜愍傷苦厄. 自大好勝不受侵陵. 憙行施惠接引善人, 得美飮食與人共之. 不存近細志在遠大. 眼著色欲事不究竟, 無有遠慮. 知世方俗, 觀察顏色逆探人心, 美言辯慧結友不固. 頭髮稀疎少於睡眠, 坐臥行立不失容儀. 所有財物能速救急, 尋後悔惜, 受義疾得, 尋復憙忘. 惜於擧動, 難自改變, 難得離欲, 作罪輕微. 如是種種是婬欲相.

"어떻게 모습을 관찰하는가?"

음욕이 많은 사람의 모습은 사람 됨됨이가 경솔하여 많은 처첩(妻妾)을 거느리고, 말도 많고 신의도 많으며 안색이 온화하고 명랑하며 말이 쉽고 편하다. 성냄과 원망함이 적고 또한 근심과 걱정이 적으며, 많은 기술에 능통하고 남의 말 듣기를 좋아하며 박식하다. 문장과 게송에 애착하고 담론을 잘하며 인정을 잘 살피고 갖가지 두려움이 많다. 마음은 방안에 가 있으며, 얇은 옷 입기를 좋아하고 여색(女色)에 목말라 있으며, 와구(臥具)나 의복 내지 향과 꽃에 애착한다. 마음은 매우 부드럽고 남을 가엾게 여긴다. 말을 아름답게 하고 복업 닦는 것을 좋아하며, 뜻은 하늘에 태어나는 것을 좋아한다. 대중 속에 있을 때도 어려워함이 없으며, 사람의 좋고 나뽐을 분별하고 부녀자를 신임하며, 욕망의 불길이 활활 타올라 마음에 후회와 변화가 많다. 스스로 장식하는 것을 기뻐하고 그림을 감상하기를 좋아한다. 자신의 물건은 매우 아끼며, 요행으로 남의 재물을 얻으려고 한다.

친한 친구를 사귀는 것을 좋아하고 혼자 있는 것을 좋아하지 않는다. 머무는 것을 즐겨 집착하고 세속을 좇아 깜짝깜짝 놀라거나 두려워하여 뜻이 원숭이와 같다. 소견이 천박해서 일을 하되 깊이 생각하지 않으며, 뜻이 가벼워 일을 얻는 바 얻는 것이 마음에 맞으면 기뻐서 운다. 신체가 가늘고 유약하여 추위의 고통을 견디지 못한다. 쉽게 힘들어하고 쉽게 들떠서 일을 능히 참거나 감당할 수 없다. 조금만 얻어도 크게 기뻐하고 조금만 잃어도 크게 걱정하며 스스로 세상을 피한다.

몸은 따뜻해서 땀과 냄새가 나고 피부는 얇고 터럭은 가늘며, 주름이 많고 매우 창백하다. 손톱을 깎고 수염을 정돈하며 이를 희게 하고 다니며, 청결한 옷을 좋아한다. 배움에 오로지 하나에 전념하지 아니 하고, 숲의 정원에서 노닐기를 좋아하며, 정(情)도 많고 바라는 것이 많아서 뜻은 상견(常見)에 집착한다.

근처에 대덕이 있으면 뜻을 앞세워 질문하고, 남의 말을 인용하길 좋아하며 얼굴이 두꺼워 모욕을 견딘다. 일을 맡으면 신속히 해결하고 행한 바 사업이 좋고 나쁨을 분별하여 다른 사람에게 능멸을 당하지 않으려고 한다. 스스로 크게 뛰어남을 좋아하여 다른 사람의 침해나 능멸을 받지 않으려고 한다. 기쁘게 시혜(施惠)를 행하고 착한 사람들을 이끌어 주며, 좋은 음식을 얻으면 다른 사람과 함께 먹는다. 뜻을 가깝고 세밀한 데에 두지 아니하고 멀고 큰 데에 둔다.

눈은 색욕(色欲)에 집착하여 일을 끝맺지 못하고 멀리 생각하지 못한다. 세상 각지의 풍속을 알아 안색을 관찰하고, 반대로 다른 사람들의 마음을 탐색하여 능란한 언변과 지혜로 친구를 맺으나 두텁지 않다. 머리털이 적게 나고 잠을 적게 자며, 앉고 눕고 가고 섬에 예의범절을 잃지 않는다. 소유한 재물로 신속하게 위급함을 구할 수 있으며, 찾아서 뒤에 후회하고 애석하게 생각하며 뜻을 받아들여 재빨리 찾았다간 다시 기뻐하며 잊는다. 거동을 아끼고 스스로 바꾸기가 어려우며 욕심을 여의기가 어렵지만 죄를 지어도 가볍고 미미하다. 이와 같은 여러 가지가 음욕(淫欲)의 모습이다.

(2) 성냄[瞋恚]의 모습

瞋恚人相多於憂惱. 卒暴懷忿, 身口麤獷能忍衆苦, 觸事不可, 多愁少歡能作大惡, 無憐愍心憙爲鬪訟. 顔貌毁悴皺眉眄睞, 難語難悅難事難可. 其心如瘡面宣人闕, 義論强梁 不可折伏. 難可傾動難親難沮. 含毒難吐, 受誦不失. 多能多巧心不懶墮造事疾速. 持望不語, 意深難知. 受恩能報, 有能聚衆自伏事人不可沮敗. 能究竟事難可干亂, 少所畏難. 譬如師子不可屈伏.

一向不迴直造直進. 憶念不忘多慮思惟誦習憶持. 能多施與小利不迴. 爲師利根離欲獨處少於婬欲. 心常懷勝愛著斷見. 眼常惡視眞實言語說事分了. 少於親友, 爲事堅著, 堅憶不忘. 多於筋力肩胸姝大廣額齊髮. 心堅難伏疾得難忘. 能自離欲憙作重罪. 如是種種是瞋恚相.

성난 사람의 모습은 근심과 고뇌가 많다. 갑자기 난폭해지며, 분노를 품고 몸과 입이 거칠고 사나우며, 능히 뭇 고통을 참되 현실에 적응하기 힘들며, 근심이 많고 기쁨이 적으니 능히 큰 잘못을 범할 수 있으며, 가엾게 여기는 마음이 없어서 싸우고 다투는 것을 즐겨한다.

얼굴 모습은 야위고 초췌하며, 눈썹에 주름이 지고 곁눈질을 하며, 말하기도 어렵고 기뻐하기도 어려우며 모시기도 어렵고 허락하기도 어렵다. 그의 마음은 종기와 같아서 사람들의 따돌림을 받기 쉽고, 의론(義論)이 강하여 꺾을 수 없다. 치우친 까닭에 움직이기가 어려워서 친해지기도 저지하기도 어렵다. 독을 마시고도 토하기 어려우며, 비방을 받으면 잊지 않는다. 다재다능하고 기교가 많아서 마음이 게으름에 빠지지 않고, 일을 처리하는 것이 신속하다. 희망을 지니고도 말하지 않으며, 뜻이 깊어 알기가 어렵다.

은혜를 입으면 능히 보답하며, 능히 대중을 모아서는 자신을 꺾고 남을 섬기므로 방해할 수 없다. 능히 일을 마칠 수 있어서 어지러워도 난처해 하지 않고 두려워하거나 어려워하는 바가 적다. 예컨대 사자를 굴복시킬 수 없는 것과 같다. 하나에 나아가되 피하지 아니 하고 직접 만들고 곧바로 나아간다. 기억하여 잊지 않고, 무엇이든 심사숙고하며 외우고 익혀서 기억한다. 능히 많은 보시를 하되 작은 이익을 회피하지 않는다.

스승으로 삼을 만한 이근(利根)으로 욕망을 여의고 홀로 살며 음욕이 적다. 마음으로는 항상 뛰어남을 품고 있되 단견(斷見)에 빠진다. 눈은 항상 나쁘게 보나 진실한 말을 하고 일에 대해 분명하다. 가까운 벗이 적고, 일에 굳게 집착하며, 꼭 기억하여 잊지 않는다. 체력이 좋고 어깨와 가슴이 멋지고 크며, 이마가 넓고 머릿결이 가지런하다. 심지(心志)가 굳어서 쉽게 굴복하지 않고 쉽게 잊어버리지 않는다. 스스로 욕망을 여의고 무거운 죄를 즐겨 짓기도 한다. 이와 같은 여러 가지가 성냄의 모습이다.

(3) 어리석음〔愚癡〕의 모습

愚癡人相多疑多悔懶墮無見. 自滿難屈憍慢難受, 可信不信非信而信. 不知恭敬處處信向, 多師輕躁無羞搪突. 作事無慮反敎渾戾. 不擇親友不自修飾, 好師異道不別善惡. 難受易忘鈍根懈怠. 呵謗行施心無憐愍, 破壞法橋觸事不了. 瞋目不視無有智巧. 多求希望, 多疑少信. 憎惡好人破罪福報, 不別善言不能解過. 不受誨喻親離憎怨, 不知禮節憙作惡口. 鬚髮爪長, 齒衣多垢, 爲人驅役, 畏處不畏, 樂處而憂, 憂處而喜, 悲處反笑, 笑處反悲. 牽而後隨能忍苦事. 不別諸味, 難得離欲, 爲罪深重. 如是種種是愚癡相.

어리석은 사람〔愚癡人〕의 모습은 의심과 회한이 많고 게을러서 무견(無見)에 떨어진다. 스스로 충만하여 억누르기 어렵고, 교만하여 받아들이기 어려우며, 믿어야 할 것은 믿지 않고 믿어서는 안 되는 것을 믿는다. 공경할 줄 몰라 곳곳에서 제멋대로 행동하고, 많은 스승에게 가볍고 성급하게 대하며 수치심도 없고 당돌하다. 일을 하는 데는 사려가 깊지 않고 가르침에 거슬러서 매우 허둥거린다. 친구를 가리지도 않고 스스로 꾸미지도 않으며, 외도(外道)를 섬기기 좋아하고 선악을 구별하지 않는다.

받아들이는 것을 어려워하고 쉽게 잊으며, 근기가 둔하고 게으르다. 보시하는 것을 비방하고 가엾게 여기는 마음이 없으며, 법의 다리를 파괴하고 현실에 대하여 깨닫지 못한다. 성을 내어 보지 않으므로 지혜와 계교가 없다.

바라는 것은 많으나 의심이 많고 믿음이 적다. 좋은 사람을 증오하여 죄와 복의 과보를 깨뜨리고, 착한 말을 분별하지 않아서 잘못을 풀 수가 없다. 회유해도 받아들이지 않고 몸소 미움과 원망을 여의며, 예절을 알지 못해 즐겨 나쁜 말을 한다. 머리카락과 손톱이 길고 이(齒)와 옷이 매우 더러우며, 남을 위해 사역(使役)을 하면서도 두려워해야 할 곳에서 두려워하지 않으며, 즐거워해야 할 곳에서 근심하고, 근심해야 할 곳에서 기뻐하며, 슬퍼해야 할 곳에서 반대로 웃고, 웃어야 할 곳에서 도리어 슬퍼한다. 이끌어서 뒤에 따르지만 괴로운 일을 잘 참을 수 있다.

여러 가지 맛을 구별하지 못하고 욕심을 여의기가 어려우며, 죄를 짓는 것이 깊고 무겁다. 이와 같은 여러 가지가 어리석음의 모습이다.

Ⅱ. 오정심관(五停心觀)

[22]若多婬欲人不淨法門治, 若多瞋恚人慈心法門治, 若多愚癡人思惟觀因緣法門治, 若多思覺人念息法門治, 若多等分人念佛法門治. 諸如是等種種病種種法門治.

만일 음욕(淫欲)이 많은 사람이라면 부정(不淨)의 법문으로 다스리고, 만일 성냄이 많은 사람이라면 자심(慈心)의 법문으로 다스리며, 만일 어리석음이 많은 사람이라면 인연의 이치를 사유하고 관

22) 이하 오문(五門)을 오문선(五門禪) 또는 오정심관(五停心觀)이라 칭하고, 일반적으로 처음 선관(禪觀)에 들어가는 단계가 되고, 특히 소승유부(小乘有部)에서는 수행의 초문으로 중요하게 인식한다. 모든 아비달마(阿毘達磨) 논서(論書)에서 설명함과 비슷하다.

찰하는 법문으로 다스리고, 만일 분별작용이 많은 사람은 호흡을 염(念)하는 법문으로 다스리며, 만일 구분하기를 좋아하는 사람이라면 염불(念佛)의 법문으로 다스린다. 이와 같이 다종다양한 병을 갖가지 법문으로 다스린다.

1. 부정관(不淨觀)[23] –탐욕을 다스림

婬欲多人習不淨觀. 從足至髮不淨充滿. 髮 · 毛 · 爪 · 齒 · 薄皮 · 厚皮 · 血 · 肉· 筋 · 脈 · 骨 · 髓 · 肝 · 肺 · 心 · 脾 · 腎 · 胃 · 大腸 · 小腸 · 屎 · 尿 · 洟 · 唾 · 汗 · 淚 · 垢 · 坋 · 膿 · 腦 · 胞 · 膽 · 水 · 微膚 · 脂肪 · 腦膜, 身中如是種種不淨. 復次不淨觀者觀青瘀 ·膖脹 · 破爛 · 血流 · 塗漫臭膿 · 噉食不盡 · 骨散燒燋. 是謂不淨觀. 復次多婬人有七種愛. 或著好色, 或著端正, 或著儀容, 或著音聲, 或著細滑, 或著衆生, 或都愛著. 若著好色當習青瘀觀法. 黃 · 赤 · 不淨色等亦復如是. 若著端正當習膖脹身散觀法. 若著儀容當觀新死血流塗骨觀法. 若著音聲當習咽塞命斷觀法. 若著細滑當習骨見[24] 及乾枯病觀法. 若愛衆生當習六種觀. 若都愛著一切遍觀. 或時作種種更作異觀. 是名不淨觀.

---

23) 제일문(第一門)은 부정관(不淨觀 Aşubhā-smṛti)을 나타낸다.

24) 원, 명, 궁본에는 골관(骨觀)으로 되어 있다.

음욕이 많은 사람은 부정관(不淨觀)을 익힌다. 다리에서부터 머리털까지 더러운 것으로 가득 차 있다. 머리카락 · 털 · 손톱 · 이〔齒〕 · 얇은 가죽 · 두꺼운 가죽 · 피 · 살 · 근육 · 맥박 · 뼈 · 골수 · 간(肝) · 폐(肺) · 심장 · 비장 · 신장 · 위장 · 큰창자 · 작은창자 · 대변 · 소변 · 콧물 · 침 · 땀 · 눈물 · 때 · 먼지 · 고름 · 뇌(腦) · 세포 · 쓸개 · 물 · 미세한 살가죽 · 지방(脂肪) · 뇌막(腦膜) 등[25] 몸 속에는 이와 같은 여러 가지 깨끗하지 못한 것들이 있다. 또한 부정관(不淨觀)[26]이란 청어(青瘀)[27] · 봉창(膖脹)[28] · 파란(破爛) · 혈류도만(血流塗漫) · 취농담식(臭膿噉食) · 다함없이 뼈가 부서지고 타서 그을

---

25) 인간의 신체 속에 있는 36가지의 부정물(不淨物)로 외상(外相)12, 신기(身器)12, 내함(內含)12를 말한다. 단 경륜(經論)에 따라서 많고 적음의 차이는 있을 수 있다.

26) 구상관(九想觀): 아홉 종류의 상(想)을 집중하여 관(觀)한다는 뜻. 구상(九想)이라고도 한다. 이른바 관신부정관(觀身不淨觀) 혹은 부정관(不淨觀)을 가리킨다. 5욕(五欲)의 대상에 집착하여 아름다운 상대에 의해 미혹된 생각을 일으키는 자로 하여금 사람의 몸이 부정(不淨)함을 깨닫게 하여 그 정욕을 제거하는 관상(觀想)을 말한다. ①상상괴(想相壞): 또는 청어상(青瘀想). 신체가 바람과 비 등으로 피가 엉키고 살이 황적색으로 푸르스름한 모습을 관(觀)하는 것. ②농란상(膿爛想): 살이 짓물러 신체의 아홉 구멍〔九孔〕에서 오물이 흘러나오고 벌레가 득실거리는 상태를 관하는 것. ③충담상(蟲噉想): 벌레나 새 · 동물들이 시체를 쪼아 먹는 모습을 관하는 것. ④상상청발(想相青赦): 시체가 부풀어 젖은 콩을 담은 자루처럼 퉁퉁 불은 상태를 관하는 것. ⑤혈도상(血塗想): 살결이 부상하여 피투성이가 된 상태를 관하는 것. ⑥괴란상(壞爛想): 피육이 부패해 온통 피고름으로 된 상태를 관하는 것. ⑦패괴상(敗壞想): 가죽과 살은 다 없어지고 뼈만 붙어 있으면서 머리 · 다리뼈가 뒤섞여 있는 모습을 관하는 것. ⑧소상(燒想): 시체가 불에 타서 그을리어 연기가 나고 악취가 나며 재와 흙이 되어가는 모습을 관하는 것. ⑨골상(骨想): 백골이 흩어진 상태를 관하는 것 등을 가리킨다. 위와 같은 내용이 『대념처경』에 '아홉 가지 공동묘지의 관찰' 로 서술하고 있다. 각묵 스님, 『마음챙기는 공부』(초기불전연구원, 2003), pp. 171~178.

27) 청어(青瘀): 검푸른 피와 같은 색이다.

28) 봉창(膖脹): 부풀어 팽창하는 것이다.

린 것을 관찰한다. 이것을 부정관(不淨觀)이라 이른다.

다음으로 음욕이 많은 사람은 일곱 가지에 애착한다. 혹은 호색(好色)에 집착하고, 혹은 단정함에 집착하며, 혹은 몸가짐의 태도〔儀容〕에 집착하고, 혹은 음성에 집착하며, 혹은 날씬하고 미끈함에 집착하고, 혹은 중생에 집착하며, 혹은 모든 것에 애착한다.

만일 호색에 집착한다면 마땅히 청어(靑瘀) 관법을 익혀야 한다. 누렇고 · 붉고 · 깨끗하지 않은 색깔 등도 또한 이와 같다. 만일 단정함에 집착한다면 마땅히 봉창신산(膖脹身散) 관법을 익혀야 한다. 만일 의용(儀容)에 집착한다면 마땅히 신사혈류도골(新死血流塗骨) 관법을 익혀야 한다. 만일 음성에 집착한다면 마땅히 인색명단(咽塞命斷)의 관법을 익혀야 한다. 만일 날씬하고 미끈함에 집착한다면, 마땅히 뼈가 드러나고 비쩍 마르는 병의 관법을 익혀야 한다. 만일 중생에게 집착한다면 마땅히 여섯 가지 관법을 익혀야 한다. 만일 모든 것에 애착한다면 일체를 두루 살피는 관법을 익혀야 한다. 어느 때는 갖가지를 만들고 다시 다른 관을 만든다. 이것을 부정관(不淨觀)이라고 한다.

問曰, 若身不淨如臭腐尸者, 何從生著.

若著淨身臭腐爛身亦當應著. 若不著臭身淨身亦應不著. 二身等故. 若[29] 求二實淨俱不可得. 人心狂惑爲顚倒所覆, 非淨計淨. 若倒心破便得實相法

---

29) 원, 명, 궁본에는 약(若)을 답(答)으로 만든다.

觀, 便知不淨虛誑不眞. 復次死尸無火無命無識無有諸根. 人諦知之心不生著. 以身有暖有命有識諸根完具心倒惑著. 復次心, 著色時謂以爲淨, 愛著心息卽知不淨. 若是實淨應當常淨. 而今不然. 如狗食糞謂之爲淨, 以人觀之甚爲不淨. 是身內外無一淨處. 若著身外, 身外薄皮擧身取之纔得如榛是亦不淨. 何況身內三十六物. 復次推身因緣種種不淨. 父母精血不淨合成, 旣得爲身常出不淨. 衣服牀褥亦臭不淨. 何況死處. 以是當知, 生死內外都是不淨.

문 만일 몸이 더럽고 냄새나고 썩은 시체와 같다면 어찌하여 그것에 집착심을 일으키겠는가?

답 만일 청정한 몸에 집착한다면 냄새나고 썩어 문드러진 몸에도 역시 마땅히 집착해야 할 것이다. 만일 냄새나는 몸이나 깨끗한 몸에 집착하지 않는다면 또한 마땅히 집착하지 않을 것이다. 두 몸은 같은 것이기 때문이다. 만일 두 가지 진실하고 깨끗함을 모두 찾는다면 한꺼번에 얻을 수 없다. 사람의 마음이 미치고 미혹해서 뒤집힌 마음으로 뒤덮이게 되어 깨끗하지 않은 것을 깨끗한 것으로 헤아리게 된다. 만일 뒤집힌 마음을 깨뜨리면 문득 실상법(實相法)의 관법을 얻게 되고, 게다가 더럽고 텅 비고 거짓이며 진실하지 않음을 알게 된다.

또한 다음으로 죽은 시체는 더운 기운도 없고 생명도 없으며 인식작용이 없어 갖가지 근(根)이 있을 수 없다. 사람이 이것을 잘 알면 마음에 집착을 일으키지 않는다. 몸에 따스함이 있고 생명이 있고 인식작용이 있어서 갖가지 기능을 완전하게 구비하였기에 마음이 뒤집히고 미혹하여 집착하게 된다.

다음으로 마음이 색(色)에 집착할 때 그것을 깨끗하다고 말하더라도 애착하는 마음을 쉬면 바로 깨끗하지 않은 것을 안다. 만일 이것이 진실로 청정하다면 마땅히 항상 청정해야 한다. 그러나 지금은 그렇지 않다. 예컨대 강아지가 똥을 먹는 것을 일러서 깨끗하다고 말하더라도 사람들이 그것을 보고 매우 더럽다고 하는 것과 같다. 이 몸은 안팎으로 한 곳도 깨끗한 곳이 없다.

만일 몸의 껍데기에 집착한다면 몸 밖에 전신의 얇은 가죽을 취하여 가까스로 죽은 나무를 얻는 것과 같이 이 또한 깨끗하지 않은 것이다. 그런데 어찌 하물며 몸 속의 서른여섯 가지 물질을 말할 것인가? 또한 몸의 인연을 미루어 보더라도 가지가지로 깨끗하지 않다. 깨끗하지 않은 부모의 정혈(精血)이 모여 이미 몸을 이뤘으니 항상 깨끗하지 않은 것을 방출한다. 의복과 침상과 요도 역시 냄새가 나고 더럽다. 어찌 하물며 죽는 곳을 말할 것인가? 이로써 마땅히 생사의 안팎 모두가 더러운 것이라는 것을 알아야 한다.

(此下經本至二門初) 復次觀亦有三品. 或初習行, 或已習行, 或久習行. 若初習行 當敎言作破皮想除却不淨, 當觀赤骨人. 繫意觀行不令外念. 外念諸緣攝念令還. 若已習行當敎言. 想却皮肉, 盡觀頭骨不令外念. 外念諸緣攝念令還. 若久習行當敎言. 身中 一寸心却皮肉繫意五處. 頂 · 額 · 眉間 · 鼻端 · 心處. 如是五處住意觀骨, 不令外念. 外念諸緣攝念令還. 常念觀心心出制持. 若心疲極住念所緣, 捨外守住. 譬如獼猴被繫在柱極乃住息. 所緣如柱, 念如繩鎖, 心喩獼猴. 亦如乳母常觀嬰兒不令墮落. 行者觀心亦復如是. 漸漸制心令住緣處. 若心久住是應禪法. 若得禪定卽有三相. 身體和悅柔軟輕便, 白骨流光猶如白珂, 心得靜住. 是爲觀淨.[30] 是時便得色界中心. 是名初學禪法, 得色界心. 心應禪法卽是色界法. 心得此法身在欲界, 四大極大柔軟快樂, 色澤淨潔, 光潤和悅謂悅樂. 二者向者骨觀白骨相中光明遍照淨白色. 三者心住一處, 是名淨觀. 除肉觀骨故名淨觀. 如上三相皆自知之, 他所不見. 上三品者初習行先未發意, 已習行三四身修, 久習行百年身學.

다음으로 관(觀)에는 또한 삼품(三品)이 있다. 초습행(初習行), 이습행(已習行), 구습행(久習行)이다. 만일 초습행이라면 마땅히 이렇게 가르쳐야 한다. 살가죽을 찢어 버리는 생각을 지어서 더러운 것을 없애 버리고, 마땅히 벌거벗은 뼈만 남은 사람을 관찰하라. 마음을 매어 놓고 관행(觀行)하되 생각을 벗어나게 하지 않는다. 바깥으로 여러 가지 반연을 생각하면 그 생각을 추슬러 돌아가게 한다.

만일 이습행이라면 마땅히 이렇게 가르쳐야 한다. 생각은 살가죽과 살을 버리고, 모두 머리뼈(頭骨)를 관찰하여 생각을 벗어나게

30) 원, 명, 궁본에는 정관(淨觀)으로 되어 있다.

하지 않는다. 바깥으로 여러 가지 반연을 생각하면 생각을 추슬러 돌아가게 한다.

만일 구습행이라면 마땅히 이렇게 가르쳐야 한다. 몸 속의 아주 작은 마음으로 살가죽과 살을 제거하여 정수리 · 이마 · 미간 · 코끝 · 마음 등 다섯 곳에 마음을 매어 둔다. 이와 같이 다섯 곳에 마음을 머물게 하여 뼈를 관찰하되 생각을 바깥으로 벗어나게 하지 않는다. 바깥으로 여러 가지 반연을 생각하면 마음을 추슬러 돌아가게 한다. 항상 마음을 관찰하되 마음이 벗어나면 제어한다.

만일 마음의 고달픔이 지극하면 생각을 소연(所緣)에 머물게 하되, 바깥을 버리고 머무르게 해야 한다. 예컨대 원숭이가 기둥에 매달려 있으나 매우 편하게 쉬고 있는 것과 같으니, 소연은 기둥과 같고 생각은 새끼줄이나 자물쇠와 같으며, 마음은 원숭이에 비유할 수 있다. 또한 유모(乳母)가 항상 젖먹이를 살펴서 떨어지지 않게 하듯이 수행자가 마음을 관찰하는 것도 이와 같다. 점차 마음을 제어하여 대상에 머물게 해야 한다. 만일 마음이 오래 머물게 되면 이것이 선법(禪法)이다.

만일 선정(禪定)을 얻게 되면 곧 세 가지 양상이 나타난다. 신체가 화열(和悅)하고 유연하며, 가볍고 편안하며, 백골(白骨)이 빛을 뿌리는데 마치 빛이 흰 마노(瑪瑙)와 같으며, 마음이 고요하게 머무는 것을 얻는다. 이것을 관정(觀淨)이라 한다. 이때 문득 마음을 색계 가운데에서 얻는다. 이것을 처음 선법(禪法)을 배워서 색계(色界)

의 마음을 얻는다고 한다. 마음이 선법에 상응한 즉 이것이 색계의 법이다. 마음으로 이 법을 얻으나 몸은 욕계(欲界)에 있으며, 사대가 지극히 크고 유연하고 쾌락해지며, 색깔이 윤택해지고 정결하며, 빛이 넘치고 온화하고 기쁨에 들뜨게 되는 것을 열락(悅樂)이라고 말한다. 두 번째, 이전의 백골관은 백골의 모습 속에 광명이 두루 비치는데 맑고 하얀 색이다.

세 번째, 마음이 한 곳에 머물면, 이것을 정관(淨觀)이라고 한다. 살을 제거하고 뼈를 관찰하기 때문에 정관이라고 한다. 이상과 같은 세 가지 양상은 모두 스스로 아는 것이라 다른 곳에서는 보지 못한다. 이상 삼품 중에 초습행은 아직 마음이 일어나지 않았고, 이습행은 세 번 내지 네 번 몸으로 수행했으며, 구습행은 백년 동안 몸으로 실천 수행한 것이다.

2. 자심관(慈心觀)[31] – 성냄을 다스림

若瞋恚偏多, 當學三種慈心法門. 或初習行, 或已習行, 或久習行. 若初習行者當敎言, 慈及親愛. 云何親及願與親樂. 行者若得種種身心快樂寒時得衣, 熱時得凉, 飢渴得飮食, 貧賤得富貴, 行極時得止息, 如是種種樂願親愛, 得繫心在慈不令異念, 異念諸緣攝之令還. 若已習行, 當敎言. 慈及中

31) 제이문(第二門)은 자심관(慈心觀)을 나타낸다.

人. 云何及中人而與樂. 行者若得種種身心快樂, 願中人得繫心在慈不令異念. 異念諸緣攝之令還. 若久習行當教言. 慈及怨憎. 云何及彼而與其樂. 行者若得種種身心快樂願怨憎得, 得與親同, 同得一心心大清淨. 親中怨等廣及世界, 無量衆生皆令得樂, 周遍十方靡不同等大心清淨. 見十方衆生皆如自見, 在心目前了了見之受得快樂. 是時即得慈心三昧.

만일 성냄이 치우치게 많으면 마땅히 세 가지 자심(慈心)법문을 배워야 하니, 초습행 · 이습행 · 구습행이 있다. 만일 초습행이라면 마땅히 가르쳐서, "인자함은 친애(親愛)에 미치는 것이다. 무엇을 친애함이 서원(誓願)에 파급되어 친애의 즐거움을 주는 것이라고 하는가? 수행자가 만일 가지가지 몸과 마음의 쾌락을 얻는다면, 즉 추울 때 옷을 얻고 뜨거울 때 시원함을 얻으며, 배고프고 목마를 때 음식을 얻고, 빈천(貧賤)할 때 부귀를 얻으며, 수행이 지극할 때 지식(止息)을 얻는 등 이와 같은 온갖 즐거움이 친애를 원하면 마음을 묶어서 인자함에 두고 다른 생각을 하지 않게 한다. 만일 달리 여러 가지 반연을 생각한다면 그것을 추슬러 돌아가게 한다."라고 말해야 한다.

만일 이습행이라면 마땅히 가르쳐서, "인자함은 보통 사람에게 미치는 것이다. 무엇을 보통 사람에게 미쳐 즐거움을 준다고 하는가? 수행자가 만일 가지가지 몸과 마음의 쾌락을 얻는다면 보통 사람이 마음을 묶어 인자함에 두고 다른 생각을 하지 않기를 원해야만 한다. 여러 가지 반연에 대하여 다르게 생각하면 그것을 추슬러 돌아가게 한다."라고 말해야 한다.

만일 구습행이라면 마땅히 가르쳐서 "인자함이 원망과 미움에 미친다. 무엇이 그에게 미쳐 그 즐거움을 준다고 말하는 것인가? 수행자가 만일 가지가지 몸과 마음의 쾌락을 얻는다면 원수가 미울지라도 친한 이와 더불어 같게 되기를 원해야만 하며, 함께 한마음을 얻으면 마음이 크게 청정해진다. 친애함이 원망들 가운데에 널리 세계로 파급되면 헤아릴 수 없이 많은 중생들이 모두 즐거움을 얻고 시방세계에 두루 나누어 가져 동등하지 아니함이 없고 크게 마음이 청정해 진다. 시방의 중생을 바라보되 모두 자신을 보는 듯이 하고, 마음으로 눈 앞의 현상들을 분명하게 보아서 쾌락을 얻어 받으면, 이 때 바로 자심(慈心)삼매를 얻는다."라고 말해야 한다.

問曰, 親愛中人願令得樂, 怨憎惡人云何憐愍復願與樂.

答曰, 應與彼樂. 所以者何, 其人更有種種好淸淨法因. 我今云何豈可以一怨故而沒其善. 復次思惟, 是人過去世時或是我親善. 豈以今瞋更生怨惡. 我當忍彼是我善利. 又念行法, 仁德含弘, 慈力無量. 此不可失. 復思惟言, 若無怨憎何因生忍. 生忍由怨. 怨則我之親善. 復次瞋報最重, 衆惡中上無有過是. 以瞋加物其毒難制. 雖欲燒他實是自害. 復自念言, 外被法服內習忍行. 是謂沙門豈可惡聲, 縱此變色懟[32]心. 復次五受陰者衆苦林藪, 受惡之的. 苦惱惡來何由可免. 如刺刺身苦刺無量. 衆怨甚多不可得除. 當自守護著忍革屣. 如佛言, 曰.

以瞋報瞋, 瞋還著之.

瞋恚不報, 能破大軍.

能不瞋恚, 是大人法.

小人瞋恚, 難動如山.

瞋爲重毒, 多所殘害.

不得害彼, 自害乃滅.

瞋爲大瞑, 有目無覩.

瞋爲塵垢, 染汚淨心.

如是瞋恚, 當急除滅.

毒蛇在室, 不除害人.

如是種種, 瞋毒無量.

當習慈心, 除滅瞋恚.

是爲慈三昧門

문 보통 사람을 친애(親愛)하여 즐거움을 얻기를 원하지만, 나쁜 사람은 원망스럽고 미운데 어떻게 불쌍히 여겨 다시 즐거움을 주라고 원하겠는가?

답 마땅히 그에게 즐거움을 주어야 한다. 어째서 그러한가? 그

32) 별(憋)은 성급한 모양이다.

사람은 다시 여러 가지 좋고 청정한 법의 씨앗을 지니고 있기 때문이다. 내 이제 어찌 하나의 원망 때문에 그 착함을 빼앗길 수 있을 것인가? 다시 생각하건대, '이 사람은 지나간 세상에서 아마도 나와 가까운 사이였을 것이다. 그런데 어찌 지금의 성냄 때문에 다시 원망하고 싫어하는 마음을 내겠는가? 내 마땅히 그에게 참으면 이것이 나에게 좋은 이익일 것이다. 또한 수행법을 생각하되 인덕(仁德)의 수용력이 크고 인자함의 힘이 헤아릴 수 없어 이것을 잃어버릴 수는 없는 것이다.' 라고 한다.

다시 생각하여 말하기를, "만일 원망과 미움이 없다면 어떻게 참을 수 있겠는가? 인욕은 원망으로 말미암으니 원망이 곧 나의 좋은 친구이다. 또한 성냄의 과보는 가장 무거우며, 여러 가지 악 가운데 으뜸으로, 이보다 더한 것은 없다. 중생에게 성을 내면 그 해독은 없애기 어렵다. 비록 그를 태워 버리고자 하더라도 사실상 이것은 자신을 해롭게 하는 것이다." 라고 한다.

다시 스스로 생각하여 말하기를, "바깥으로 진리의 옷〔法服〕을 걸치고 안으로 인욕행(忍辱行)을 익히면 이것을 사문(沙門)이라고 말한다. 그런데 어찌 나쁜 소리를 하고, 제멋대로 변색(變色)하고 마음이 성급해질 수 있겠는가? 또한 오수음(五受陰)[33]이란 뭇 고통의

---

33) 오수음(五受陰)은 통상적으로 오취온(五取蘊)이라 한다. 취착하는 다섯 가지 무더기〔五取蘊〕, ①취착하는 물질의 무더기〔色取蘊〕 ②취착하는 느낌의 무더기〔受取蘊〕 ③취착하는 인식의 무더기〔想取蘊〕 ④취착하는 상카라들의 무더기〔行取蘊〕 ⑤취착하는 알음알이의 무더기〔識取蘊〕.

수풀이며 악을 받아들이는 과녁이다. 고뇌와 싫음이 다가오면 어떻게 벗어날 수 있겠는가? 가시로 몸을 찌르는 것과 같이 고통의 가시가 헤아릴 수 없다. 뭇 원망이 너무 많으면 제거할 수 없다. 마땅히 스스로 지켜 내어 인내의 가죽신을 신어야만 한다."라고 한다. 부처님의 말씀과 같다.

성냄으로써 성냄에 보답하면 성냄은 여전히 그것에 집착한다.

성냄으로 보답하지 않으면 능히 대군(大軍)을 깨뜨릴 수 있다.

능히 성내지 않으면 이것이 대인(大人)의 법이다.

소인이 성을 내는 것은 움직이기 어려운 산과 같다.

성냄은 무거운 독이니 해치고 해롭게 하는 것이 많다.

그에게 해를 입히는 것이 아니라 스스로를 해롭게 하여 멸망케 한다.

성냄은 커다란 어둠이니 눈이 있어도 보지 못하고,

성냄은 티끌과 먼지이니 청정한 마음을 오염시킨다.

이와 같으므로 성냄은 마땅히 서둘러 없애야 하나니,

독사가 방안에 있을 때 제거하지 않으면 사람을 해치는 것과 같으리라.

이와 같이 여러 가지 성냄의 독은 헤아릴 수 없으니,

마땅히 자비로운 마음(慈心)을 닦으면 성냄을 멸하여 없애버린다.

이것이 자애로운 삼매의 문(慈三昧門)이다.

3. 인연관(因緣觀)[34] – 어리석음을 다스림

若愚癡偏多當學三種思惟法門. 或初習行, 或已習行, 或久習行. 若初習行當教言. 生緣老死, 無明緣行. 如是思惟不令外念. 外念諸緣攝之令還. 若已習行當教言. 行緣識, 識緣名色. 名色緣六入, 六入緣觸, 觸緣受, 受緣愛. 愛緣取, 取緣有. 如是思惟不令外念. 外念諸緣攝之令還. 若久習行當教言. 無明緣行, 行緣識, 識緣名色, 名色緣六入, 六入緣觸, 觸緣受, 受緣愛, 愛緣取, 取緣有, 有緣生, 生緣老死. 如是思惟不令外念. 外念諸緣攝之令還.

問曰, 一切智人是有明. 一切餘人是無明. 是中云何無明.

答曰, 無明名一切不知. 此中無明能造後世有. 有者無無者有. 棄諸善取諸惡. 破實相著虛妄. 如無明相品中說.

不明白益法, 不知道德業, 而作結使因, 如火鑽燧生.

惡法而心著, 遠棄於善法.

奪衆生明賊, 去來明亦劫.

常樂我淨想, 計於五陰中, 苦集盡道法, 亦復不能知.

種種惱險道, 盲人入中行.

煩惱故業集, 業故苦流迴.

不應取而取, 應取而反棄.

馳闇逐非道, 蹴株而躄地.

有目而無慧, 其喻亦如是.

---

34) 제삼문(第三門)은 인연관(因緣觀)을 나타낸다.

是因緣滅故, 智明如日出.

如是略說無明. 乃至老死亦如是.

問曰, 佛法中因緣甚深. 云何癡多人能觀因緣.

答曰, 二種癡人. 一如牛羊. 二種種邪見疑惑闇蔽. 邪見癡人佛爲此說, 當觀因緣以習三昧.

만일 어리석음이 치우칠 정도로 많으면 마땅히 세 가지 사유하는 법문을 배워야 하니, 초습행 · 이습행 · 구습행이 있다. 만일 초습행이라면 마땅히 가르쳐서, "태어남은 늙고 죽음으로 말미암고 무명(無明)은 행(行)에서 연유하니, 이와 같이 사유하여 바깥으로 생각을 벗어나지 않게 하라. 바깥으로 여러 가지 반연을 생각하면 그것을 추슬러 돌아가게 한다."라고 말해야 한다.

만일 이습행이라면 마땅히 가르쳐서, "행은 식(識)에서 말미암고, 식은 명색(名色)에서 연유하며, 명색은 육입(六入)에서 연유하고 육입은 촉(觸)에서 연유하며, 촉은 수(受)에서 연유하고, 수(受)는 애(愛)에서 연유한다. 애는 취(取)에서 연유하고 취는 유(有)에서 연유한다. 이와 같이 사유하여 생각을 바깥으로 벗어나지 않게 한다. 바깥으로 여러 가지 대상을 생각하여 그것을 추슬러 돌아가게 한다."라고 말해야 한다.

만일 구습행이라면 마땅히 가르쳐서, "무명은 행에서 연유하고, 행은 식에서 연유하며, 식은 명색에서 연유하고, 명색은 육입에서 연유한다.

육입은 촉에서 연유하고 촉은 수에서 연유하며, 수는 애에서 연유하고, 애는 취에서 연유하며, 취는 유에서 연유하고, 유는 태어남에서 연유하며, 태어남은 늙고 죽음에서 연유한다.[35] 이와 같이 사유하여 생각을 바깥으로 벗어나지 않게 한다. 바깥으로 여러 가지 반연을 생각하면 그것을 추슬러 돌아가게 한다."라고 말해야 한다.

문 일체의 지혜가 있는 사람들은 밝음[明]을 지닌다. 나머지 모든 사람들은 밝음이 없다[無明]. 여기에서 무엇을 무명(無明)이라 하는가?

답 무명은 아무 것도 모르는 것을 이름한다. 이 중에서 무명은 후세의 존재[有]를 만들 수 있다. 존재[有者]란 없고, 존재하지 않는 것[無者]은 있다. 여러 가지 선함을 버리고 여러 가지 악함을 잡는다. 실상(實相)을 파괴하고 허망함에 집착한다. 「무명상품(無明相品)」 속의 설명과 같다.

밝고 유익한 법을 밝히지 않고 도덕(道德)의 업을 모르고 결사(結使)의 원인을 만드니 불이 송곳과 부싯돌에서 생기는 것과 같다.

악법이나 마음으로 집착하고 선법(善法)을 멀리 버린다.

중생의 밝음을 빼앗는 도적은 가고 오는 밝음도 빼앗는다.

35) 12인연(十二因緣)에 대해서는 하권에서 설명하고 있다.

상(常) · 낙(樂) · 아(我) · 정(淨)의 생각을 오음 속에서 헤아리니 고(苦) · 집(集) · 멸(滅) · 도(道)의 네 가지 거룩한 진리도 알 수 없다.

여러 가지 번뇌의 험난한 길을 맹인이 들어가서 걸어가니, 번뇌 때문에 업이 쌓이고 업 때문에 고뇌가 흘러서 돈다.

마땅히 잡지 말 것을 잡고 잡아야 할 것은 도리어 버린다.

어둠 속을 달리며 도(道) 아닌 것을 쫓으니, 나무뿌리에 채이고 땅에서 넘어진다.

눈이 있으나 지혜가 없으니 그 비유도 이와 같다.

이런 인연이 없어지기 때문에 지혜의 밝기가 태양이 뜬 것과 같다.

이와 같이 간략하게 무명을 설명하니, 늙음 내지 죽음도 그렇다.

문 불법(佛法) 속의 인연이 매우 깊다. 어떻게 어리석은 대다수의 사람들이 인연을 관찰할 수 있겠는가?

답 두 가지 부류의 어리석은 사람이 있다. 첫째는 소나 양과 같은 사람이다. 두 번째는 여러 가지 사견(邪見)으로 의혹을 품고 가리며 숨기는 사람이다. 부처님께서는 사견을 지닌 어리석은 사람들을 위하여 마땅히 인연을 관하여 삼매를 수습하라고 말씀하셨다.

4. 호흡(안나반나)[36]관[37] - 분별작용을 다스림

若思覺偏多當習阿那般那三昧法門. 有三種學人. 或初習行, 或已習行, 或久習行. 若初習行當教言. 一心念數入息出息. 若長若短, 數一至十. 若已習行當教言. 數一至十隨息入出, 念與息俱止心一處. 若久習行當教言. 數·隨·止·觀·轉觀·淸淨阿那般那三昧六種門十六分.

만일 분별하는 작용〔思覺〕[38]이 치우치게 많다면 마땅히 안나반나 삼매의 법문을 익혀야 한다. 세 부류의 배우는 사람이 있으니 초습행(初習行)·이습행(已習行)·구습행(久習行)이다. 만일 초습행이라면 마땅히 가르쳐서, "한마음으로 생각하여 들숨과 날숨을 헤아려야 한다. 길든 짧든 하나에서 열까지 헤아린다."라고 말해야 한다. 만일 이습행이라면 마땅히 가르쳐서, "하나로부터 열까지 헤아려야 하며, 호흡의 들어가고 나옴에 따라 염(念)[39]과 호흡을 함께 마음의 한곳에 멈추게 한다."라고 말해야 한다. 만일 구습행이라면 마땅히 가르쳐서, "수(數)·수(隨)·지(止)·관(觀)·전관(轉觀)·청

---

36) 안나반나(安那般那): āna-apāna의 음사이다. 안반(安般)이라고도 하며, 호흡〔息〕이라는 의미이다. 안나(安那)는 들숨, 반나(般那)는 날숨을 말하며, 이 두 의미가 합성된 말이다.

37) 제사문(第四門)은 수식관(數息觀)을 나타낸다.

38) 사각(思覺)은 각(覺)이라 하며, 심〔尋, 일으킨 생각(vitarka)〕이라고 하며, 추리분별하는 마음의 작용이다.

39) 염(念 smṛiti): 마음챙김. 기억하는 마음의 작용이다.

정(淸淨)의 안나반나삼매의 여섯 가지 문을 열여섯으로 나눈다."라고 말해야 한다.

(1) 호흡관과 육묘문(六妙門)[40]

(가) 숨을 헤아림〔數〕

云何爲數. 一心念入息入息至竟數一, 出息至竟數二. 若未竟而數爲非數. 若數二至九而誤更從一數起. 譬如算人一一爲二, 二二爲四, 三三爲九.

問曰, 何以故數.

答曰, 無常觀易得故, 亦斷諸思覺故, 得一心故. 身心生滅無常相似相續難見, 入息出息生滅無常易知易見故. 復次心繫在數斷諸思諸覺. 思覺者欲思覺·恚思覺·惱思覺·親里思覺·國土思覺·不死思覺. 欲求淨心入正道者, 先當除却三種麤思覺, 次除三種細思覺. 除六覺已當得一切淸淨法. 譬如採金人先除麤石砂, 然後除細石砂, 次第得細金砂.

問曰, 云何爲麁病, 云何爲細病.

答曰, 欲·瞋·惱覺是三名·麁病, 親里·國土及不死覺是三名細病. 除此覺已得一切淸淨法.

問曰, 未得道者結使未斷. 六思覺强從心生亂. 云何能除.

---

40) 6묘문(六妙門): 수식(數息)은 홑이 되고, 상수(相隨)는 겹이 되고, 지(止)는 한결같은 한 마음이 되고, 관(觀)은 아는 마음이 되고, 환(還)은 도(道)로 가는 것이 되고, 정(淨)은 도(道)에 들어간 것이 된다. 수(數)·수(隨)·지(止)·관(觀)·환(還)·정(淨)에 대하여『불설대안반수의경(佛說大安般守意經)』에 서술하고 있다.(T. 15-165.上~168.上)

答曰, 心厭世間正觀能遮, 而未能拔, 後得無漏道能拔結使根本. 何謂正觀.

문 무엇을 수(數)라고 하는가?

답 한마음으로 들숨을 생각하고, 들숨이 끝나면 하나를 헤아린다. 날숨이 끝나면 둘을 헤아린다. 만일 끝나지 않았는데 헤아리면 헤아리는 것이 아니라고 한다. 만일 둘부터 아홉에 이르기까지 헤아렸다 해도 틀렸으면 다시 하나부터 헤아리기 시작한다. 예컨대 계산하는 사람이 하나와 하나를 둘로 삼고, 둘과 둘을 넷으로 삼으며, 셋과 셋을 아홉으로 삼는 것과 같다.

문 무슨 까닭에 헤아리는가?

답 무상관(無常觀)을 쉽게 얻기 때문이며, 또한 온갖 분별작용을 끊어버리고, 한마음을 얻기 때문이다. 몸과 마음의 생멸(生滅) 무상(無常)함은 서로 비슷하여 서로 이어지는 것을 보기 어려우나, 들숨과 날숨의 생멸 무상함은 쉽게 알고 쉽게 볼 수 있기 때문이다. 또한 마음이 호흡 수에 묶여 여러 가지 분별작용을 차단하게 된다.[41] 분별작용이란 탐욕의 분별작용 · 성냄의 분별작용 · 번뇌의 분별작용 · 친척관계의 분별작용 · 국토의 분별작용 · 불사(不死)의 분별작용이다. 마음을 청정하게 하여 올바른 길[正道]에 들어가고자

41) 이 일단(一段)은 육각(六覺)을 제외한 것을 설명한다. 육각이라는 것은 6가지 종류의 악각작용(惡覺作用)으로 성실론(成實論) · 화엄경(華嚴經) 등에는 팔각(八覺)을 설명한다.

하는 사람은 먼저 마땅히 세 가지 거칠게 분별하는 마음〔麤思覺〕을 제거해야 하고, 다음에 세 가지 세밀한 분별작용〔細思覺〕을 제거해야 한다.

이 여섯 가지 분별작용〔思覺〕을 제거하고 나면 마땅히 일체의 청정한 법을 얻을 수 있다. 예컨대 금을 캐는 사람이 먼저 돌과 자갈을 제거한 뒤에 가는 돌과 모래를 제거하며, 점차적으로 가는 금과 모래를 얻는 것과 같다.

문 무엇을 거친 병〔麤病〕이라 하고, 무엇을 미세한 병〔細病〕이라고 하는가?

답 욕망과 성냄과 번뇌의 분별 작용, 이 세 가지를 거친 병이라고 하고, 친척관계와 국토와 불사의 분별 작용, 이 세 가지를 미세한 병이라고 한다. 이러한 분별작용을 제거하고 나면 일체의 청정한 법을 얻는다.

문 아직 도를 얻지 못한 사람은 미처 결사(結使)[42]를 끊지 못해, 여섯 가지 분별작용이 강하여 마음부터 어지러운데 어떻게 제거할 수 있는가?

답 마음으로 세간을 싫어하고 바른 진리를 관(觀)하여 가릴 수 있으나 아직 뽑아 버릴 수 없다. 뒤에 무루(無漏)[43]의 도를 얻어야 번뇌의 근본을 뽑을 수 있다.

---

42) 결사(結使)는 번뇌와 동의어. 결(結)도 사(使)도 번뇌의 다른 이름. 속박과 집착, 굴레. 삼계(三界)에 결부되는 사람을 사역(使役)한다는 뜻이다.

무엇을 정관〔바른 진리를 관(觀)함〕이라 말하는가?

① 욕망의 분별작용〔欲覺〕

見多欲人求欲苦.

得之守護是亦苦, 失之憂惱亦大苦, 心得欲時無滿苦, 欲無常空憂惱因, 衆共有此當覺棄.

譬如毒蛇入人室, 不急除之害必至.

不定不實不貴重, 種種欲求顚倒樂.

如六神通阿羅漢, 敎誨欲覺弟子言.

汝不破戒戒淸淨, 不共女人同室宿.

欲結毒蛇滿心室, 纏綿愛喜不相離.

旣知身戒不可毁, 汝心常共欲火宿, 汝是出家求道人, 何緣縱心乃如是.

父母生養長育汝, 宗親恩愛共成就, 咸皆涕泣戀惜汝, 汝能捨離不顧念.

而心常在欲覺中, 共欲嬉戱無厭心, 常樂欲火共一處, 歡喜愛樂不暫離.

如是種種呵欲覺, 如是種種正觀除欲覺.

탐욕이 많은 사람을 보건대 욕망을 추구하는 것은 괴로움이다. 이것을 얻어 지키는 것도 역시 괴로움이며, 이것을 잃어버릴까

---

43) 무루(無漏, anāsrava): 번뇌가 사라진 경지. 무루도와 16심〔十六心, 팔인(八忍)·팔지(八智)를 말함〕의 견도위(見道位)에서 일어나는 번뇌가 소멸한 때를 말한다. 하권에서 설명하고 있다.

근심하는 것도 역시 큰 괴로움이며, 마음이 욕망을 얻고자 할 때 만족하지 못하는 것도 괴로움이며, 욕망은 항상 변하며 실체가 없고 근심과 번뇌의 씨앗이니 중생들과 함께 이것을 지니면 마땅히 깨닫고 버려야 한다.

비유하건대 독 있는 뱀이 사람의 방안에 들어왔는데 서둘러 그것을 없애지 않으면 재앙이 반드시 이르는 것과 같다.

안정되지도 않고 참되지도 않으며 귀중하지도 않은 가지가지의 욕구는 뒤집힌 즐거움이다.

여섯 가지 신통을 성취한 아라한처럼 가르쳐서 회유하고 제자들을 깨우치고자 말한다.

그대들은 계율을 깨뜨리지 말고 청정함을 지키며 여인과 함께 같은 방에서 자지 말라.

욕망의 번뇌(欲結)라는 독사가 마음의 방안에 가득하고 얽힌 애착과 기쁨이 서로 떨어지지 않는다.

이미 몸의 계율이 훼손할 수 없는 것을 알고도 그대의 마음은 항상 욕망의 불꽃과 함께 머물고 있으며, 그대는 집을 나와 도(道)를 찾는 사람인데 무슨 까닭에 마음대로 방종(放縱)하는 것이 이와 같은가?

부모가 그대를 낳아 키워 주었으며 일가친척의 은혜와 사랑으로 함께 성취하였기에 모두 울면서 그대를 그리워하건만 그대는 버리고 돌아볼 생각을 하지 않는가.

마음은 항상 깨치고자 하면서도 함께 즐겁게 장난을 하고자 함에 싫어하는 마음이 없고, 항상 욕망의 불꽃을 즐기며 한곳에 함께 있으니 환희와 애착의 즐거움이 한시도 떠나지 않는구나.

이와 같이 여러 가지로 욕망의 분별작용을 꾸짖고, 이와 같은 여러 가지 바른 진리를 관(觀)함으로써 욕망의 분별작용〔思覺〕을 제거해야 한다.

② 성냄의 분별작용〔瞋恚覺〕

問曰, 云何滅瞋恚覺. 答曰.

從胎中來生常苦, 是中衆生莫瞋惱.

若念瞋惱慈悲滅, 慈悲瞋惱不相比.

汝念慈悲瞋惱滅, 譬如明闇不同處.

若持淨戒念瞋恚, 是人自毁破法利.

譬如諸象入水浴, 復以泥土塗坌身.

一切常有老病死, 種種鞭笞百千苦.

云何善人念衆生, 而復加益以瞋惱.

若起瞋恚欲害彼, 未及前人先自燒.

是故常念行慈悲, 瞋惱惡念內不生.

若人常念行善法, 是心常習佛所念.

是故不應念不善. 常念善法歡樂心,

今世得樂後亦然. 得道常樂是涅槃.

若心積聚不善覺, 自失己利并害他.

是謂不善彼我失,[44] 他有淨心亦復沒.

譬如阿蘭若道人, 擧手哭言賊劫我.

有人問言, 誰劫汝.

答言, 財賊我不畏. 我不聚財求世利. 誰有財賊能侵我. 我集善根諸法寶, 覺觀賊來破我利. 財賊可避, 多藏處. 劫善賊來無處避.[45]

如是種種呵瞋恚, 如是種種正觀除瞋恚覺.

문 어떻게 성냄의 분별작용[恚覺]을 없애는가?

답 태(胎) 속에서부터 생을 받고나서 언제나 괴로워하니 이 중의 중생은 성내거나 고뇌하지 말라.

만일 성냄과 고뇌를 생각하면 자비가 없어지고 자비와 성냄과 번뇌는 서로 비교할 수 없다.

그대가 자비를 생각하면 성냄과 번뇌가 없어지게 되니, 예컨대 밝음과 어두움이 한곳에 있을 수 없는 것과 같다.

만일 청정한 계율을 지니면서도 성냄을 생각하면 이 사람은 스스로 법의 이로움을 파괴하는 것이다.

예컨대 여러 마리의 코끼리가 물에 들어가 목욕하고 나서 다시

44) 7자를 원, 명, 궁본에는 旣自心中善法이라 한다.

45) 대정본에는 '有人問言……無處避'(56자)이지만, 원, 명본에서는 '有人問言……賊來無處避'까지 앞에 이어서 7언8구의 게문이 된다.

진흙을 나누어 몸에 바르는 것과 같다.

일체는 항상 늙고 병들고 죽음이 있나니 여러 가지 채찍으로 백천 가지 고뇌를 매질해야 하느니라.

어떻게 선한 사람이 중생을 생각하고 다시 성냄과 번뇌로써 이롭다고 보태겠는가?

만일 화를 내어 다른 사람은 해롭게 하고자 한다면 그 사람에게 미치기 전에 먼저 스스로를 태우게 된다.

그러므로 항상 자비를 생각하고 행하며 성냄과 번뇌라는 나쁜 생각을 안으로 생기게 하지 말아야 한다.

만일 사람이 항상 선한 법을 생각하고 행하면 이 마음은 항상 부처님께서 생각하시는 바를 익히게 된다.

그러므로 마땅히 선하지 않은 것을 생각하지 말고, 항상 선한 법을 생각하여 마음을 기쁘게 하면 금세에도 즐거움을 얻고 내세에도 그러할 것이니, 도를 얻어 언제나 즐거운 것이 열반이다.

만일 마음에 선하지 않은 분별작용이 쌓이게 되면 스스로 자신의 이로움을 잃어버리고 동시에 남을 해롭게 한다.

이것을 일러 선(善)하지 않은 것은 피아(彼我)의 잘못이라 하는 것이며, 그가 청정한 마음을 지니고 있다면 또한 없어진다.

예컨대 아란야의 도인(道人)이 손을 들고 울면서 도적이 나를 겁탈한다고 말하는 것과 같다.

문 누가 너를 겁탈하느냐?

답 나는 재물의 도적을 두려워하지 않는다. 나는 재물을 축적하여 세상의 명리를 구하지 않는다. 누가 재물의 도적을 지니고 있다 하여 나를 침범할 수 있겠느냐? 나는 선근(善根)과 여러 가지 법보(法寶)를 모았다. 도적이 와서 나의 이로움을 파괴하려는 것을 깨우쳐 바라보니 재물의 도적은 피할 수 있고 숨길 곳이 많다. 그러나 착함을 빼앗아 가는 도적이 오면 피할 곳이 없다.

이와 같이 여러 가지로 성냄을 꾸짖는다. 이와 같이 여러 가지로 바른 진리를 관(觀)하여 성냄의 분별작용〔恚覺〕을 제거한다.

③ 번뇌의 분별작용〔惱覺〕

問曰, 云何除惱覺.

答曰, 衆生百千種, 諸病更互恒來惱, 死賊捕伺常欲殺, 無量衆苦自沈沒.

云何善人復加惱.

讒謗謀害無慈仁, 未及傷彼被殃身.

俗人起惱是可恕, 此事世法惡業因, 亦不自言我修善.

求淸淨道出家人, 而生瞋恚懷嫉心, 淸冷雲中放毒火, 當知此惡罪極深.

阿蘭若人興嫉妬, 有阿羅漢他心智, 教誡苦責汝何愚, 嫉妬自破功德本.

若求供養當自集, 諸功德本莊嚴身.

若不持戒禪多聞, 虛假染衣壞法身, 實是乞兒弊惡人.

云何求供養利身.

飢渴寒熱百千苦, 衆生常困[46] 此諸惱.

身心苦厄無窮盡.

云何善人加諸惱.

譬如病瘡以針刺. 亦如獄囚考[47]未決, 苦厄纏身衆惱集, 云何慈悲更令劇.

如是種種呵惱覺, 如是種種正觀除惱覺.

문 어떻게 번뇌의 분별작용〔思覺〕을 제거하는가?

답 중생은 항상 백천 가지의 여러 가지 병이 번갈아 찾아와 괴롭히고 죽음의 도둑은 틈을 엿보다가 사로잡아서 언제나 죽이려 하니 헤아릴 수 없이 많은 고뇌로 저절로 침몰한다.

어찌 착한 사람이 다시 고뇌를 더할 것인가?

헐뜯고 비방하고 모략하고 해롭게 하여 인자함이 없으면, 그를 해치기 전에 자신에게 재앙이 덮친다.

세속 사람이 번뇌를 일으키는 것은 용서할 수 있어도 이 일은 세간의 법이요, 악업의 원인이니 또한 스스로 내가 선업을 닦고 있다고 말하지 말라.

청정한 도를 찾아서 출가한 사람이 성을 내어 질투심을 품고서 맑고 찬 구름 가운데 독의 불을 뿜으면, 이 사악한 죄가 지극히 깊어진다는 것을 마땅히 알아야 한다.

아란야의 수행자가 질투심을 일으키고 아라한의 타심지(他心智)

---

46) 대정본에는 困이며, 원, 명, 궁본에는 因으로 만든다.
47) 대정본에는 考이며, 원, 명, 궁본에는 拷와 같이 만든다.

를 지녔으나 가르치고 훈계해서 괴롭히고 책망하니 그대는 얼마나 어리석은가? 질투는 스스로 공덕의 근본을 파괴하는 것이다.

만일 공양을 구하거든 마땅히 스스로 여러 가지 공덕의 근본을 모아 몸을 장엄하라.

만일 계율과 선정과 다문(多聞)을 지키지 않으면 헛되이 물들인 옷〔染衣〕을 빌려 법신을 파괴하는 것이요, 진실로 이 사람은 거지며 남에게 해악을 입히는 사람이니, 어떻게 공양을 받아서 몸을 이롭게 할 것인가?

배고프고 목마르며 차고 더움의 백천 가지 괴로움, 중생들은 항상 이러한 여러 번뇌에 지쳐, 몸과 마음의 고뇌와 재앙이 다함이 없으니, 어찌 착한 사람이 여러 가지 고뇌를 더할 것인가?

예컨대 병과 종기를 침으로 찌르는 것과 같고, 또한 지옥의 죄인이 아직 결정되지 않았음을 살피는 것과 같으며 고뇌와 재앙이 몸을 묶고 뭇 고뇌가 모였으니 어떻게 자비로써 고통을 벗어날 것인가?

이와 같이 여러 가지로 번뇌의 분별작용을 질책하며, 이와 같이 여러 가지로 바른 진리를 관(觀)하여 번뇌의 분별작용〔思覺〕을 제거한다.

④ 친척관계의 분별작용〔親里覺〕

問曰, 云何除親里覺.

答曰, 應如是念. 世界生死中自業緣牽, 何者是親何者非親, 但以愚癡故橫生著心, 計爲我親. 過去世非親爲親, 未來世非親爲親. 今世是親過去非親. 譬如鳥栖暮集一樹晨飛各隨緣去. 家屬親里亦復如是. 生世界中各各自異心緣會故親緣散故踈. 無有定實, 因緣果報共相親近. 譬如乾沙緣手團握. 緣捉故合, 緣放故散. 父母養子老當得報. 子蒙懷抱養育故應報. 若順其意則親, 若逆其意是賊. 有親不能益而反害, 有非親無損而大益. 人以因緣故而生愛. 愛因緣故而更斷. 譬如畫師作婦女像, 還自愛著. 此亦如是. 自生染著染著於外. 過去世中汝有親里, 今世於汝復何所作. 汝亦不能益過去親. 過去親不益汝. 兩不相益. 空念之爲是親非親. 世界中不定無邊. 如阿羅漢教新出家戀親弟子言. 如惡人吐食更欲還噉, 汝亦如是. 汝已得出家. 何以還欲愛著. 是剃髮染衣是解脫相. 汝著親里不得解脫還爲愛所繫, 三界無常流轉不定, 若親, 非親. 雖今親里久久則滅. 如是十方衆生迴轉親里無定. 是非我親. 人欲死時無心無識. 直視不轉, 閉氣命絶, 如墮闇坑. 是時親里家屬安在. 若初生時先世非親今强和合作親. 若當死時復非親. 如是思惟不當著親. 如人兒死, 一時三處父母俱時啼哭. 誑天上父母妻子. 人中亦爲誑, 龍中父母亦爲誑[48] 如是種種正觀除親里覺.

문 어떻게 친척 관계의 분별작용(思覺)을 제거하는가?

답 마땅히 이와 같이 생각해야 한다. 세계의 삶과 죽음 속에서

---

48) 대정본에는 '誑天上父母妻子. 人中亦爲誑, 龍中父母亦爲誑.' 이며, 원, 명, 궁본에는 '天上父母妻子, 謂人中爲虛誑. 龍中父母亦以人中爲虛誑.' 로 쓰인다.

자신의 업이 일체의 조건을 이끌어 간다. 어느 것이 가까운 것이고, 어느 것이 가깝지 않은 것인가? 다만 어리석기 때문에 집착하는 마음을 일으켜서 나와 친하다고 헤아린다. 과거 세상에서는 친하지 않음으로 친함을 삼고, 미래 세상에도 친하지 않은 것으로 친함을 삼을 것이다. 지금 세상에서는 친한 것이 과거 세상에서는 친하지 않았을 것이다. 예컨대 새가 저녁에는 한 나무에 모여 살다가 아침이면 각각 인연 따라 날아 옮겨가는 것과 같다.

가족과 친척도 이와 같다. 세계 속에 살면서도 각각 스스로 마음을 달리 한다. 여러 가지의 조건(緣)이 모였기 때문에 가깝고(親), 조건이 흩어졌기 때문에 성근(疎) 것이다. 정해진 실재가 있을 수 없다. 인연의 과보 때문에 서로 가까운 것이다. 예컨대 마른 모래를 손으로 둥글게 잡은 것과 같다. 조건이 만들어졌기에 합해진 것이며, 조건이 만들어지지 않으면 흩어진다. 부모는 자식을 양육하고 늙어서 마땅히 보답을 받아야만 한다. 자식은 품어 주고 길러 준 은혜를 입었기에 마땅히 보답해야만 한다. 만일 그러한 뜻에 따르면 가까운 것이며, 만일 그러한 뜻에 거스르면 이것은 도적이다. 친하면서 이롭게 할 수 없으면 도리어 해롭게 한 것이며, 친하지 않으면서 손해가 없으면 크게 이로운 것이다.

사람은 인연 때문에 애착심을 내며, 애착의 인연 때문에 다시 끊는다. 예컨대 화가가 아낙네의 모습을 그려 놓고 도리어 스스로 애착하는 것과 같다. 이것도 마찬가지이다. 스스로 염착(染著)[49]하는 마음을 내어 바깥에 염착한다. 과거의 세상 속에서 그대는 친척관계(親里)였다. 지금 세상에서 그대는 다시 무엇을 만들고자 하는가? 과거의 친함도 그대를 이롭게 할 수는 없다. 두 가지가 서로 이롭게 할 수 없다. 공허한 생각이 그들의 친함과 친하지 않음을 만든다. 세계 속에서는 정해진 것도 없고 끝도 없다. 아라한이 새로 출가하여 친척을 그리워하는 제자에게 가르치시어 말씀하는 것과 같다. 사악한 사람이 음식을 뱉었다가 다시 도로 삼키고자 하는 것과 같다.

그대도 마찬가지이다. 그대는 이미 출가하였거늘 무슨 까닭에 다시 애착하려고 하는가? 이 삭발염의는 해탈의 모습이다. 그대가 친척에게 집착한다면 해탈할 수 없으며 도리어 애착 때문에 묶이게 된다. 삼계(三界)는 늘 변하기 때문에 흐르고 굴러서 고정되지 않는다. 만일 가깝다면 가까운 것이 아니다. 비록 지금의 친척이 오래 갈 것이라고 하나 곧 소멸한다. 이와 같이 시방의 중생은 돌고 돈다. 친척이 정해지지 않았으니 이것은 나의 친척이 아니다. 사람이 죽으려 할 때는 무심하고 분별력도 없다. 곧바로 보아 굴리지 않는다. 기(氣)를 닫고 목숨이 끊어져 마치 어두운 구덩이에 떨어진 것과 같다. 이 때 친척과 가족들은 편안히 있다. 처음 태어날 때는 이전 세상의 친척이 아닌데도 지금은 억지로 화합하여 친척을 만든다. 죽음에 즈음했을 때는 다시 친척이 아니다.

---

49) 염착(染著): 마음이 사물에 집착(執著)한다.

이와 같이 사유하여 마땅히 친척에 집착하지 말라. 마치 사람의 어린애가 죽자, 일시에 세 곳에서 부모가 동시에 우는 것과 같다. 하늘 위의 부모와 처자를 속이고, 사람 중에서도 속이며, 용(龍) 중의 부모도 속이게 된다. 이와 같이 여러 가지로 바른 진리를 관(觀)하여 친척관계의 분별작용〔思覺〕을 제거한다.

⑤ 국토의 분별작용〔國土覺〕

問曰, 云何除國土覺.

答曰, 行者若念是國土豊樂安隱多諸好人, 恒爲國土覺繩所牽. 將去罪處, 覺心如是. 若有智人不應念著, 何以故, 國土種種過罪, 所燒時節轉故. 亦有飢餓, 身疲極故. 一切國土無常安者. 復次老病死苦無國不有. 從是間身苦去得彼處身苦. 一切國土去無不苦. 假有國土安隱豊樂, 而有結惱心生苦患. 是非好國土. 能除雜惡國土, 能薄結使令心不惱, 是謂好國土. 一切衆生有二種苦. 身苦心苦. 常有苦惱無有國土無此二惱. 復次有國土大寒, 有國土大熱, 有國土飢餓, 有國土多病, 有國土多賊, 有國土王法不理. 如是種種國土之惡, 心不應著. 如是正觀除國土覺.

문 어떻게 국토의 분별작용〔思覺〕을 없애는가?

답 수행자가 만일 이 국토는 풍요롭고 즐겁고 안온하며 갖가지 좋은 사람이 많다고 생각한다면 항상 국토라는 분별작용의 새끼줄에 끌려 다니게 된다. 장차 잘못된 점을 버리면 마음을 깨닫는 것이 이와 같다. 만일 지혜 있는 사람이라면 마땅히 생각으로 집착하지 않는다. 왜냐하면 국토는 가지가지의 허물과 죄악으로 타버리게 되고 시절은 변하기 때문이며, 또한 배고픔과 몸의 피로가 극심하기 때문이다. 일체의 국토는 언제나 편안한 것은 아니다. 또한 늙고 병들고 죽는 괴로움이 없는 나라는 없다. 이 사이의 육체적 괴로움에서 저 곳의 육체적 괴로움을 얻는다.

일체의 국토가 괴로움 아닌 것이 없다. 이를테면 어떤 국토가 안락하고 풍족하고 즐거우나, 괴로움을 만들어 마음에 괴로움과 우환이 생긴다. 이것은 좋은 국토가 아니다. 능히 잡스럽고 나쁜 국토를 없앨 수 있고, 능히 번뇌를 엷게 할 수 있으며, 마음을 괴롭히지 않으면, 이를 좋은 국토라 이름한다. 일체의 중생은 두 가지 괴로움을 지니니, 육체적 괴로움과 정신적 괴로움이어서 언제나 고뇌를 지니고 있다. 이상 두 가지 고뇌가 없는 국토는 없다. 또한 어떤 국토는 매우 춥고 어떤 국토는 매우 더우며, 어떤 국토는 배고픔에 허덕이고, 어떤 국토는 질병이 많으며, 어떤 국토는 도적이 많고, 어떤 국토는 왕법(王法)으로 다스리지 않는다. 이와 같은 여러 가지 국토의 악폐를 마음으로 마땅히 집착해서는 안 된다. 이와 같이 바른 진리를 관(觀)하여 국토의 분별작용〔思覺〕을 제거한다.

⑥ 불사의 분별작용〔不死覺〕

問曰, 云何除不死覺.

答曰, 應教行者. 若好家生, 若種族子[50]才技力勢勝人一切莫念. 何以故, 一切死時不觀老少貴賤才技力勢. 是身是一切憂惱諸因緣因[51], 自見少多壽. 若得安隱是爲癡人. 何以故, 是謂憂惱因, 依是四大 四大造色如四毒蛇共不相應, 誰得安隱者. 出息期入是不可信. 復次人睡時欲期必覺是事難信. 受胎至老死事恒來. 求死時節言常不死. 云何可信. 譬如殺賊拔刀注箭, 常求殺人, 無憐愍心. 人生世間死力最大, 一切無勝死力强者. 若過去世第一妙人無能脫此死者 現在亦無大智人能勝死者. 亦非軟語求, 非巧言誑可得避脫. 亦非持戒精進能却此死. 以是故當知, 人常危脆不可怙恃. 莫信計常我壽久活. 是諸死賊常將人去. 不付老竟然後當殺. 如阿羅漢教諸覺所惱弟子言. 汝何以不知厭世入道, 何以作此覺. 有人未生便死, 有生時死者, 有乳餔時, 有斷乳時, 有小兒時, 有盛壯時, 有老時. 一切時中間死法界. 譬如樹華華時便墮, 有果時墮, 有未熟時墮. 是故當知. 勤力精進求安隱道, 大力賊共住不可信. 此賊如虎巧覆藏身. 如是死賊常求殺人. 世界所有空如水泡, 云何當言待時入道. 阿誰能證言汝必老可得行道. 譬如嶮岸大樹上有大風, 下有大水崩其根土. 誰當信此樹得久住者. 人命亦如是少時不可信. 父如穀子, 母如好田, 先世因緣罪福如雨澤, 衆生如穀, 生死如收刈. 種種諸天子人王智德, 如天王佐天, 鬪破諸阿須倫軍, 種種受樂極高大明, 還沒在黑闇. 以是故莫信命活言, 我今日當作此, 明後當作是. 如是正觀種種[52]除不死覺.

---

50) 대정본에는 種族子이며, 원, 명, 궁본에는 子를 생략한다.
51) 대정본에는 因緣因이며, 원, 명, 궁본에는 因緣本으로 고치다.
52) 대정본에는 正觀種種이며, 원, 명, 궁본에는 種種正觀으로 고쳤다.

문 어떻게 죽지 않는다는 분별작용(思覺)을 없애겠는가?

답 마땅히 수행자에게 가르쳐야 한다. 만일 좋은 집에서 태어나거나 같은 종족의 자식 · 재기(才技) · 세력이 뛰어난 사람 등 일체를 생각하지 마라. 왜냐하면 모든 것이 죽을 때는 늙음 · 젊음 · 귀함 · 천함 · 재주 · 기술 · 힘 · 세력을 살피지 않기 때문이다. 이 몸은 일체의 근심과 번뇌의 가지가지 인연의 근본인데, 어려서 오래 사는 것을 보고서, 만일 안온함을 얻는다면, 이것은 어리석은 사람이다. 왜냐하면 이것은 근심과 번뇌의 원인이 이 사대(四大)에 의지하는 것이기 때문이다. 사대가 물질을 만들지만 마치 네 마리의 독사와 같아서 함께 상응(相應)하지 않는다. 누가 안온함을 얻을 수 있는가? 날숨이 들어올 것을 기대하지만 이것을 믿을 수 없다. 또한 사람이 잠잘 때 반드시 깰 것을 기약하지만, 이 일도 믿기 어렵다.

수태(受胎)에서부터 늙을 때까지 죽을 일은 늘 온다. 죽을 때를 찾으면서도 항상 죽지 않는다고 말한다. 어떻게 믿을 수 있는가? 예컨대 살인하는 도적이 칼을 뽑고 활시위에 화살을 끼워 항상 사람을 죽이면서도 불쌍히 여기는 마음이 없는 것과 같다. 세간의 인생에서 죽음의 힘이 가장 크다. 죽음의 힘보다 강한 것은 아무 것도 없다. 만일 과거의 세상에서 제일 미묘한 사람이라도 이 죽음에서 벗어날 수 없었다면 현재도 또한 죽음을 뛰어 넘을 수 있는 큰 지혜를 지닌 사람은 없다. 또한 부드러운 말로도 구할 수 없으며 교묘한 말로 속이더라도 벗어나 피할 수 없다. 또한 지계(持戒)와 정진도 이 죽음에서 벗어나게 할 수 없다. 이 때문에 마땅히 사람은 늘 위급하여 믿을 수 없는 것임을 알아야 한다. 항상 나의 목숨은 오래 살 것이라고 믿고 헤아리지 마라. 이 여러 가지 죽음의 도적은 항상 사람을 끌어 간다. 늙어서 마치기를 기다린 연후에 마땅히 죽이지 않는다. 마치 아라한이 고뇌하는 제자들에게 여러 깨달음을 가르쳐서 말하는 것과 같다.

그대는 왜 세간을 싫어하여 도에 들어올 줄 모르는가? 왜 이 깨달음을 알지 못하는가? 어떤 사람은 아직 태어나지도 않았는데 문득 죽는다. 태어날 때 죽는 사람이 있고, 젖먹이 때에, 젖을 끊을 때도 있으며, 어떤 사람은 어려서, 어떤 사람은 장년에, 어떤 사람은 늙어서 죽으니, 일체의 시간 속에서 죽음의 법계에 들어간다. 예컨대 나무의 꽃이 피자마자 곧 떨어지거나 열매가 되어서 떨어지기도 하며, 아직 익지 않았을 때 떨어지기도 하는 것과 같다. 이런 까닭에 마땅히 삼가 정진에 힘써서 안온한 도를 찾아야 함을 알아야 한다. 커다란 힘을 지닌 도적은 함께 살아도 믿을 수 없다. 이 도적은 호랑이처럼 교묘하게 가리어 몸을 숨긴다. 이와 같이 죽음의 도적은 항상 사람을 죽이려 한다. 세계에 존재하는 것은 공이요, 물거품과 같다. 어찌하여 마땅히 때를 기다려서 도에 들어갈 것이라고 말하는가?

어느 누가 그대는 늙어서 반드시 행도(行道)를 얻을 수 있다고 증언할 것인가? 예컨대 험난한 언덕의 커다란 나무 위에 큰 바람이 있고, 아래에 많은 물이 있어서 그 뿌리의 흙이 무너지는 것과 같다. 누가 당연히 이 나무가 오래 살 수 있을 것이라고 믿을 것인가? 사람의 목숨도 이와 같은데 어려서는 믿지 않는다. 아버지는 곡식의 씨앗과 같고, 어머니는 좋은 밭과 같다. 앞 세상의 죄복(罪福)과 인연함은 만물을 윤택하게 하는 비(雨)와 같으며, 중생은 곡식과 같고, 생사(生死)는 수확함과 같다. 가지가지의 여러 천자(天子)와 인왕(人王)의 지혜와 덕은 하늘의 임금이 하늘을 도와서 여러 아수륜(阿須倫)[53]의 군대와 싸워 격파하여 여러 가지의 즐거움을 받아들이는 것이 지극히 높고 크고 밝지만, 도리어 칠흑 같은 어둠 속에 빠지는 것과 같다. 이 때문에 목숨이 살아있다고 믿고 '내 오늘은 마땅히 이것을 하고, 내일은 마땅히 이것을 하리라' 고 말하지 말라. 이처럼 바른 진리를 관(觀)하여 여러 가지로 죽지 않는다는 분별작용〔思覺〕을 제거한다.

如是先除麤思覺, 却後除細思覺, 心淸淨生得正道. 一切結使盡, 從是得安隱處. 是謂出家果. 心得自在, 三業第一淸淨不復受胎, 讀種種經多聞, 是時得果報. 如是得時, 不空破魔王軍, 便得第一勇猛名稱 世界中煩惱將去,

53) 아수륜(阿修倫)은 아수라(Asura). 줄여서 수라(修羅) · 비천(非天) · 부단정(不端正)이라 번역. 싸우기를 좋아하는 귀신. 투쟁을 그치지 않는 자. 천인을 닮았으나 천인이 아니다. 육도(六道)의 하나.

是不名健. 能破煩惱賊, 滅三毒火, 涼樂淸淨, 涅槃林中安隱高枕, 種種禪定·根·力·七覺淸風四起, 顧念衆生沒三毒海. 德妙力如是乃名爲健. 如是等散心, 當念阿那般那學六種法, 斷諸思覺. 以是故念數息.

問曰, 若餘不淨念佛等四觀[54]中, 亦得斷思覺, 何以故獨數息.

答曰, 餘觀法寬難失故, 數息法急易轉故. 譬如放牛, 以牛難失故, 守之少事, 如放獼猴易失故, 守之多事. 此亦如是, 數息心數不得少時他念, 少時他念則失數. 以是故初斷思覺應數息.

이와 같이 먼저 거친 분별작용〔麤思覺〕을 제거한 뒤에 세밀한 분별작용〔細思覺〕을 제거하여, 마음이 청정해지면 실아시 올바른 도를 얻는다. 일체의 번뇌가 없어져서 안온한 곳을 얻는 것을 출가의 열매〔果〕라고 말한다. 마음에 자재함을 얻고, 삼업(三業)이 가장 청정해져 다시는 태에 들지 않으며, 가지가지의 경전을 읽고 많이 들으면 이 때 과보를 얻는다.

이와 같이 과보를 얻으면 헛되지 않아 마왕의 군대를 격파하여 문득 가장 용맹한 이름을 얻는다. 세계 속에서 번뇌의 장군은 사라지는데 이것을 굳세다고 이름하지 않는다. 능히 번뇌의 도적을 격파하고 삼독의 불을 없애 시원하게 청정함을 즐기고 열반의 숲 속에서 안온하게 베개를 높이 베며, 가지가지의 선정(禪定)·근(根)·역(力)·칠각지(七覺支)의 청량한 바람이 네 번 일어나고, 중생들이

54) 대정본에는 四等觀이라 하지만, 원, 명, 궁본에는 等四觀으로 고쳤다.

삼독의 바다에 빠진 것을 돌아본다. 공덕의 미묘한 힘이 이와 같은 것을 이름하여 굳세다고 한다.

이와 같이 마음이 흩어지면 안나반나(安那般那)를 관찰해야 마땅하고, 여섯 가지 법을 배워야 여러 가지 분별작용이 끊어진다. 이 때문에 수식관(數息觀)을 하는 것이다.

문 만일 나머지 부정관과 염불 등의 네 가지 관법으로도 역시 분별작용을 끊을 수 있다면 무슨 까닭에 유독 수식관만을 말하는가?

답 나머지 관법은 느슨해서 잃어버리기 쉽지 않기 때문에, 수식관법은 급하여 쉽게 변하기 때문이다. 예컨대 풀어 놓은 소와 같다. 소는 잃어버리기가 쉽지 않기 때문에 지키는 일이 적으며, 풀어 놓은 원숭이는 잃어버리기가 쉽기 때문에 그것을 지키는 일이 많은 것과 같다. 이것 또한 그렇다. 수식관의 심수(心數)는 어렸을 때의 생각을 얻을 수 없다. 어렸을 때 그것을 생각하면 곧 심수를 잃는다. 이 때문에 처음에 분별작용[思覺]을 차단하고 마땅히 호흡을 헤아린다.

(나) 숨을 따름[隨]

已得數法當行隨法斷諸思覺. 入息至竟當隨莫數一. 出息至竟當隨莫數二. 譬如負債人, 債主隨逐初不捨離. 如是思惟, 是入息是還出更有異. 出息是還入更有異, 是時知入息異出息異. 何以故出息暖入息冷.

問曰, 入出息是一息. 何以故, 出息還更入故, 譬如含水水暖, 吐水水冷, 冷者還暖, 暖者還冷故.

答曰, 不爾. 內心動故有息出, 出已卽滅. 鼻口引外則有息入. 入故息滅, 亦無將出, 亦無將入. 復次少壯老人, 少者入息長, 壯者入出息等, 老者出息長, 是故非一息. 復次臍邊風發, 相似, 相續, 息出至口鼻邊, 出已便滅. 譬如排囊中風開時卽滅. 若以口鼻因緣引之則風入. 是從新因緣邊生. 譬如扇衆緣合故則有風. 是時知入出息因緣而有虛, 誑不眞生滅無常. 如是思惟, 出息從口鼻因緣引之, 而有入息因緣心動令生. 而惑者不知以爲我息. 息者是風與外風無異. 地 · 水 · 火 · 空亦復如是. 是五大因緣合故生識. 識亦如是非我有也. 五陰 · 十二入 · 十八界亦復如是. 如是知之逐息入息出. 是以名隨.

이미 헤아리는 법을 얻었으면 마땅히 따르는 법[隨法]을 행하여 여러 가지 분별작용을 끊어버린다. 들숨을 마칠 때까지 마땅히 따라 하되 하나를 헤아리지 말라. 날숨을 마칠 때까지 마땅히 따라 하되 둘을 헤아리지 말라. 예컨대 채무자를 채권자가 따라가서 끝까지 버리지 않는 것과 같다. 이와 같이 사유하라. 이 들숨은 돌아오는 것이며, 나오면 다시 차이가 있다. 날숨은 돌아오는 것이며, 들어가면 다시 차이가 있다. 이 때 들숨의 차이와 날숨의 차이를 안다. 왜냐하면 날숨은 따뜻하고 들숨은 차다.

문 들고 나는 숨은 하나의 호흡이다. 왜냐하면 날숨이 되돌아

다시 들어오기 때문이다. 예컨대 물을 머금으면 따스하고, 물을 토하면 차다. 찬 것은 따뜻한 것으로 되돌아오고, 따스한 것은 찬 것으로 되돌아오기 때문이다.

답 그렇지 않다. 안에서 심장이 움직이기 때문에 어떤 숨이 나오는 것인데, 나와서는 곧 사라진다. 코와 입이 바깥에서 당기면 곧 어떤 숨이 들어오며, 들어왔기 때문에 숨은 사라진다. 역시 끌고 나오지도 않고, 끌고 들어가지도 않는다. 다음에 소년 · 장년 · 노인을 돌아보면, 소년은 들숨이 길고, 장년은 들고나는 숨이 같고, 노인은 날숨이 길다.

그러므로 호흡이 한결같지 않다. 또한 배꼽 가에서 바람이 불고, 서로 같아지고, 서로 이어서 숨이 나와 입과 코 가에 이르며, 나오면 곧 사라진다. 예컨대 풀무 주머니 속의 바람이 열리자마자 사라지는 것과 같다. 만일 입과 코의 인연으로 그것을 당기면 곧 바람이 들어온다. 이것은 새로운 인연의 끝에서 생기는 것이다. 예컨대 부채는 뭇 인연이 합해졌기 때문에 바람이 있는 것과 같다. 이 때 들어오고 나오는 호흡의 인연은 허망하고 속이며 진실하지 않아서 생기고 사라지며 늘 변하는 것임을 알고, 이와 같이 사유한다. 날숨은 입과 코의 인연에 따라 그것을 당기고, 들숨의 인연이 있기에 심장이 움직여 살게 한다. 그러나 어떤 사람은 그것을 모르고 내가 숨쉰다고 한다. 숨은 바람이니, 바깥의 바람과 다름이 없다.

땅 · 물 · 불 · 공(空) 또한 마찬가지이다. 이 다섯 가지 커다란 인연이 화합하였기에 식(識)을 발생시킨다. 식도 마찬가지여서 역시 나의 것이 아니다. 오음(五陰) · 십이입(十二入) · 십팔계(十八界)[55]도 마찬가지이다. 이와 같이 알고 숨이 들어가고, 숨이 나오는 데에 따른다. 이것 때문에 수(隨)라 이름한다.

(다) 멈춤〔止〕

已得隨法當行止法. 止法者數隨心極, 住意風門, 念入出息.

問曰, 何以故止.

答曰, 斷諸思覺故, 心不散故, 數隨息時心, 不定心多劇故. 止則心閑少事故, 心住一處故念息出入. 譬如守門人門邊住觀人入出. 止心亦爾. 知息出時從臍心胸咽至口鼻, 息入時從口鼻咽胸心至臍. 如是繫心一處, 是名爲止.

---

55) 五陰 · 十二入 · 十八持: 오음(五陰)은 오온(五蘊, pañca-skandha)과 같은 의미로 쓰인다. 다섯 가지 무더기〔五蘊〕는 1) 물질의 무더기〔色蘊〕 2) 느낌의 무더기〔受蘊〕 3) 인식의 무더기〔想蘊〕 4) 상카라의 무더기〔行蘊〕 5) 알음알이의 무더기〔識蘊〕이다. 12입(十二入), 중국에서는 '이쪽으로 온다' 는 문자적인 의미로 쓰이므로 입(入)으로 번역하기도 하고 이 단어가 장소의 의미로 쓰이므로 처(處)라고 쓰이기도 한다. 보통 12연기에는 6입으로, 12처와 공무변처 등은 처로 옮기고 있다. 12가지 감각장소〔十二處〕는 1) 눈의 감각장소〔眼處〕 2) 귀의 감각장소〔耳處〕 3) 코의 감각장소〔鼻處〕 4) 혀의 감각장소〔舌處〕 5) 몸의 감각장소〔身處〕 6) 마노의 감각장소〔意處〕 7) 형상(색)의 감각장소〔色處〕 8) 소리의 감각장소〔聲處〕 9) 냄새의 감각장소〔香處〕 10) 맛의 감각장소〔味處〕 11) 감촉의 감각장소〔觸處〕 12) 법의 감각장소〔法處〕이다. 18지(持)는 18계(界, astādaśa dhāta)와 같은 의미로 쓰인다. 열여덟 가지 요소〔十八界〕는 1) 눈의 요소〔眼界〕 2) 귀의 요소〔耳界〕 3) 코의 요소〔鼻界〕 4) 혀의 요소〔舌界〕 5) 몸의 요소〔身界〕 6) 마노의 요소〔意界〕 7) 형상(색깔)의 요소〔色界〕 8) 소리의 요소〔聲界〕 9) 냄새의 요소〔香界〕 10) 맛의 요소〔味界〕 11) 감촉의 요소〔觸界〕 12) 법의 요소〔法界〕 13) 눈의 알음알이 요소〔眼識界〕 14) 귀의 알음알이 요소〔耳識界〕 15) 코의 알음알이 요소〔鼻識界〕 16) 혀의 알음알이 요소〔舌識界〕 17) 몸의 알음알이 요소〔身識界〕 18) 마노의 알음알이 요소〔意識界〕이다.

이미 따르는 법을 얻었으면 마땅히 멈추는 법〔止法〕을 행해야 한다. 멈추는 법이란 헤아림〔數〕과 따름〔隨〕의 마음이 지극해서 마음을 풍문(風門)[56]에 머물게 하고 들어가고 나오는 숨을 관찰하는 것이다.

문 무슨 까닭에 멈추는가?

답 여러 가지 분별작용을 끊기 때문이고, 마음이 흩어지지 않기 때문이며, 숨을 헤아리고 따를 때 마음은 번다함이 많은 마음에 고정되지 않기 때문이다. 멈추면 마음이 한가롭고 일이 적기 때문이며, 마음을 한곳에 머물게 하므로 숨이 나고 드는 것을 생각한다. 예컨대 문을 지키는 사람이 문 가에 살면서 사람의 출입을 관찰하는 것과 같다. 마음을 멈추는 것도 그렇다. 숨이 나올 때는 배꼽 · 심장 · 가슴 · 목구멍으로부터 입과 코에 이르고, 숨이 들어 올 때는 입 · 코 · 목구멍 · 가슴 · 심장으로부터 배꼽에 이르는 것을 안다. 이와 같이 마음을 한곳에 묶어 두는 것을 이름하여 멈춘다〔止〕라고 한다.

㈑ 관찰〔觀〕

復次心止法中住觀. 入息時五陰生滅異, 出息時五陰生滅異. 如是心亂便除却, 一心思惟令觀增長. 是名爲觀法.

---

56) 『청정도론』에서는 숨이 들어오고 나갈 때 닿는 부분 즉, 콧구멍 부위라고 설명한다.(『청정도론』 Ⅷ장. 198)

또한 마음은 지법(止法) 속에 머물면서 관찰한다. 들숨 때는 오음의 생성과 소멸이 다르고, 날숨 때도 오음의 생성과 소멸이 다르다. 이와 같이 마음이 흩어지면 바로 없애 버리고, 한마음으로 사유하여 관하는 능력을 증가시키는 것을 이름하여 관법(觀法)이라고 한다.

(마) 돌이킴〔轉〕

捨風門住離麤觀法. 離麤觀法知息無常, 此名轉觀. 觀五陰無常, 亦念入息出息生滅無常. 見初頭息無所從來, 次觀後息亦無跡處. 因緣合故有, 因緣散故無. 是名轉觀法, 除滅五蓋及諸煩惱. 雖先得止觀煩惱不淨心雜, 今此淨法心獨得淸淨.

풍문(風門)에 머무는 것을 버리고 거친 관법을 여읜다. 거친 관법을 여의고 호흡의 무상(無常)을 알면 이것을 전관(轉觀)이라고 한다. 오음의 무상을 관조하고, 역시 들숨과 날숨의 생성과 소멸이 무상함을 관찰한다. 첫머리의 숨을 보건대 온 것이 없고, 다음에 뒤에 숨을 관해도 역시 자취가 없다. 인연이 화합하기 때문에 있고, 인연이 흩어지기 때문에 없으니, 이것을 전관법(轉觀法)이라고 한다. 오음(五陰)[57]과 여러 번뇌를 제거하고, 비록 먼저 번뇌와 부정, 그리

57) 오음(五陰): 오온(五蘊)과 같다. 색수상행식(色受想行識)의 5종류의 근본. '음(陰)은 덮는다' 라는 의미이다.

고 마음의 복잡함을 지관(止觀)한다 하더라도 지금 이 청정한 법으로 마음은 독자적으로 청정을 얻을 수 있다.

(바) 청정〔淨〕

復次前觀異學相似行道念息入出，今無漏道相似行善有漏道. 是謂淸淨. 復次初觀身念止分，漸漸一切身念止. 次行痛心念止. 是中非淸淨無漏道遠故今法念止中，觀十六行念入出息，得煖法 · 頂法 · 忍法 · 世間第一法 · 苦法忍乃至無學盡智. 是名淸淨.

다시 앞에서 다른 수행〔異學〕과 서로 같음의 행도(行道)를 관하고, 호흡의 출입을 생각한다. 지금의 무루도(無漏道)[58]와 서로 흡사한 선(善)을 행하는 유루도(有漏道)를 청정하다고 말한다. 재차 신념지

58) 무루도(無漏道), 유루도(有漏道): 무루도(anāsrava-mārga)는 출세간도(出世間道)라고 하며, 사제(四諦) 중 도제(道諦)에 해당되는 것으로 번뇌를 멸하여 열반에 나아가는 성도(聖道)를 일컫는다. 견도(見道) 이후를 말한다. 색계사선(色界四禪) · 미지정(未至定) · 중간정(中間定) · 삼무색정(三無色定: 공무변처 · 식무변처 · 무소유처) 등 구지(九地)에 의거하여 생한다. 사과(四果) 중 제1수다원과(須陀洹果)와 제4아라한과(阿羅漢果)는 무루도를 닦아서 얻는 것이고, 제2사다함과(斯陀含果)와 제3아나함과(阿那含果)는 유루도와 무루도에 통하는 것이다. 무루도에는 가행도(加行道) · 무간도(無間道) · 해탈도(解脫道) · 승진도(勝進道) 등 네 가지가 있다. 가행도는 견도위(見道位) 이전 준비단계에 해당되고, 무간도는 모든 번뇌를 끊는 도(道)이며, 해탈도는 해탈을 증득하는 도이고, 승진도는 해탈을 얻은 후 수승한 행으로 다음 단계로 한 걸음 더 나아가는 것을 말한다. 『순정이론(順正理論)』 권66(대정장29, p. 702a5)에 "모든 무루도는 모두 구지에 의지하니, 사정려 · 미지 · 중간 · 삼무색정 등이다(諸無漏道 通依九地 謂四靜慮 未至 中間 及三無色)."라고 하였다. 유루도(sāravamārga)는 세간도(世間道)라고 하며, 번뇌가 끊어지지 않았을 때 수행한다. 견도(見道) 즉 예류과(預流果) 이전을 말한다.

(身念止)의 부분을 관하고, 점차 일체의 신념지를 관하며, 다음의 통념지(痛念止)와 심념지(心念止)를 행한다. 이 중에 청정하지 아니하여 무루도가 멀기 때문에 지금은 법념지(法念止)[59] 중에서 십육행(十六行)[60]을 관하고, 들고 나는 숨을 관하며, 난법(暖法) · 정법(頂法) · 인법(忍法) · 세간제일법[61] · 고법인(苦法忍) 내지 무학진지(無學盡智)를 얻는다. 이것을 청정(淸淨)이라 한다.

(2) 16특상(特相)과 사념처(四念處)

㈎ 몸에 대한 마음챙김〔身念處〕

是十六分中, 初入息分六種安那般那行. 出息分亦如是. 一心念息入出, 若長若短. 譬如人怖走上山, 若擔負重, 若上氣, 如是比是息短. 若人極時得安息歡喜, 又如得利從獄中出, 如是爲息長. 一切息隨二處. 若長若短處. 是故言息長息短. 是中亦行安那般那六事, 念諸息遍身, 亦念息出入, 悉觀身中諸出息入息. 覺知遍至身中乃至足指遍諸毛孔, 如水入沙, 息出覺知從足

---

59) 염지(念止): 염주(念住)로도 말하고, 넓게는 염처(念處 smrty-upasthāna)로도 쓰인다. 신(身) · 수(受) · 심(心) · 법(法)의 대상을 향하여 부정(不淨) · 고(苦) · 무상(無常) · 무아(無我)라고 관(觀)하는 지혜를 일으킬 적에, 염(念)으로 하여금 그 경계에 머무르게 하므로 염처 또는 염주라고 하며, 정(淨) · 낙(樂) · 아(我) · 상(常)의 4전도(四顚倒)를 여의는 관법을 말한다. 본문 중에 통(痛)이 있는 것은 수(受)의 옛 번역이 된다. 이 사념처관은 소승에 이르러서 오정심관(五停心觀) 다음에 4선근위(四善根位)의 앞에 위치하는 수행법이 된다. 이것을 4선근(四善根)이라 말하고 상세한 것은 본경 하권에 이르러 알 수 있다.

60) 16행(十六行): 4제(諦) 16행상(行相)인 것으로, 본경 하권에서 설명하고 있다.

61) 고법인(苦法忍), 무학진지(無學盡智): 본경 하권에서 설명하고 있다.

至髮, 遍諸毛孔亦如水入沙. 譬如排囊入出皆滿. 口鼻風入出亦爾. 觀身周遍見風行處, 如藕根孔, 亦如魚網. 復次非獨口鼻觀息入出, 一切毛孔及九孔中亦見息入息出. 是故知, 息遍諸身除諸身行亦念入出息. 初學息時, 若身懈怠睡眠體重, 悉除棄之. 身輕柔軟隨禪定心受喜. 亦念息入出除懈怠睡眠心重, 得心輕柔軟, 隨禪定心受喜.

이 열여섯 가지 지분 중에서 처음의 들숨 부분이 여섯 가지 안나반나행(安那般那行)이다.[62] 날숨 부분도 역시 그렇다.[63] 한마음으로 호흡의 들고 남과 길고 짧음을 관찰하는 일[64]은 예컨대 사람이 산을 걸어서 올라 갈 때 무거운 것을 짊어져서 기(氣)가 오르는 것을 두려워하는 것과 같다. 이와 같은 것은 이 호흡의 짧음에 비한다. 만일 사람이 극도에 달했을 때라면 숨을 편안하게 하여 기쁨을 얻는다. 또한 이로움을 얻어 지옥에서 나오는 것과 같으니, 이와 같은 것을 호흡이 길다고 한다. 일체의 호흡은 길든 짧든 두 곳을 따른다. 그러므로 숨이 길다거나 숨이 짧다고 말한다. 이 가운데서도 역시 안나반나(安那般那)의 여섯 가지 일을 행하고, 여러 가지 호흡이 몸에 두루 있음을 관찰하며, 또한 호흡의 출입을 관찰하고, 모두 몸 속의 여러 가지 날숨과 들숨을 관하는 것이다.[65]

62) 1. 지식입(知息入).

63) 2. 지식출(知息出).

64) 3. 지식장단(知息長短).

몸 속 내지 발, 손가락에 두루 미치고 여러 털구멍에 두루 미치는 것이 마치 물이 모래에 스며드는 것과 같음을 깨달아 안다. 호흡이 나오는 것은 발부터 머리카락에 이르기까지 여러 털구멍에 두루하는 것이 마치 물이 모래에 스며드는 것과 같음을 깨달아 안다. 예컨대 풀무 가죽 주머니에 들어가고 나오는 것〔入出〕이 다 찬 것과 같다. 입과 코에 바람이 들어가고 나오는 것도 또한 그렇다. 몸을 관하되 두루 바람이 가는 곳을 보니, 마치 연뿌리의 구멍과 같고, 또한 고기 잡는 그물과 같다. 또한 마음으로는 오직 입과 코뿐만이 아니라 숨이 들어가고 나오는 것을 관(觀)하되, 일체의 털구멍과 아홉 구멍 속에서도 역시 숨이 들어가고 나오는 것을 본다. 그러므로 숨은 여러 몸에 두루 있으며, 여러 몸의 움직임을 제거한다고 알고, 또한 들어오고 나오는 숨을 관찰한다.[66]

처음 숨쉬는 것을 배울 때에 만일 몸이 나른해지고 잠이 오며 몸이 무거우면 모두 없애버리고, 몸이 가볍고 부드러우면 선정의 마음을 따라 기뻐하게 된다. 또한 숨이 들어오고 나오는 것을 관찰하고, 게으름과 잠과 마음의 무거움을 없애 마음의 가벼움과 유연함을 얻으면 선정의 마음을 따라 기뻐하게 된다〔受喜〕.[67]

65) 4. 지식편신(知息遍身).

66) 5. 제제신행(除諸身行).

67) 이상 5가지 특승(特勝)은 신념처관(身念處觀)에 속한다.

(나) 느낌에 대한 마음챙김〔受念處〕

復次入身[68]念止中竟, 次行痛念止. 已得身念止, 實今更得痛念止實受喜. 復次已知身實相, 今欲知心心數法實相. 是故受喜. 亦念息入出受樂[69], 亦念息入出是喜增長名爲樂. 復次初心中生悅是名喜, 後遍身喜是名樂. 復次初禪二禪中樂痛[70]名喜, 三禪中樂痛名受樂. 受諸心行亦念息入出. 諸心生滅法, 心染法心不染法, 心散法心攝法, 心正法心邪法, 如是等諸心相名爲心行. 心作喜時亦念息入出先受喜. 自生不故作念心故作喜.

問曰, 何以故故作喜.

答曰, 欲治二種心, 或散心或攝心. 如是作心得出煩惱. 是故念法心作喜. 復次若心不悅勸勉令喜.

또한 신념지(身念止) 속에 들어가 마치며, 다음에 통념지(痛念止)를 행한다. 이미 신념지를 얻었으므로 진실로 다시 통념지를 얻고 진실로 기뻐진다. 다시 이미 몸의 실상을 알았으므로 이제 마음〔心〕과 마음의 작용〔心數〕[71]의 실상을 알고자 한다. 그러므로 기뻐진다.[72]

또한 숨이 들어오고 나가는 것을 관찰하고 즐거워한다. 또한 숨

---

68) 대정본은 息이지만, 원, 명, 궁본에 의해 身으로 고쳤다.

69) 대정본은 愛樂이지만, 궁본에 의해 受로 고쳤다.

70) 낙통(樂痛)은 낙수(樂受)의 옛 번역.

71) 심(心)과 심수(心數)는 마음〔心〕과 마음의 작용〔心所法〕이라 한다. 권오민, 『아비달마불교』(민족사, 2003), pp. 67~81 참조.

72) 6. 수희(受喜).

이 들어오고 나가는 것을 관찰하는 것이 기쁨을 더하는 것이며, 이름하여 즐거움이라 한다.[73] 다시 또 처음의 마음속에서 기쁨을 내는 것을 희열이라 이름하고, 뒤에 몸에 가득한 기쁨을 즐거움이라고 한다. 다시 초선(初禪)과 이선(二禪) 속의 즐거움과 고통을 희열이라고 하고, 삼선(三禪) 속의 즐거움과 고통을 수락(受樂)이라고 한다. 여러 가지 심행(心行)을 받아들이고 또한 숨이 들어가고 나오는 것을 관찰한다.

여러 가지 마음의 생멸법(生滅法), 마음의 염법(染法), 마음의 불염법(不染法), 마음의 산법(散法), 마음의 섭법(攝法), 마음의 정법(正法), 마음의 사법(邪法), 이와 같은 여러 가지 마음의 모습(心相)을 이름하여 마음의 움직임(心行)이라고 한다.[74] 마음이 기쁠 때도 역시 숨이 들어오고 나가는 것을 관찰하면 먼저 희열을 느낀다. 저절로 생겨서 이유 없이 생각을 짓기 때문에 희열을 만든다.[75]

문 무슨 까닭에 희열을 만드는가?

답 두 가지 마음을 다스리기 때문이니, 산심(散心)과 섭심(攝心)이다. 이와 같이 마음을 먹으면 번뇌에서 벗어날 수 있다. 그러므로 법을 생각하면 마음이 희열을 만든다. 다시 만일 마음에 희열을 느끼지 않으면 북돋워 기쁘게 한다.[76]

---

73) 7. 수락(受樂).

74) 8. 수제심행(受諸心行).

75) 9. 심작희(心作喜).

76) 이상의 4가지는 수념처관(受念處觀)에 속한다.

(다) 마음에 대한 마음챙김(心念處)

心作攝時亦念息入出. 設心不定强伏令定. 如經中說, 心定是道心散非道. 心作解脫時亦念息入出. 若意不解强伏令解. 譬如羊入蒼耳, 蒼耳著身人爲漸漸出之. 心作解脫諸煩惱結亦復如是. 是名心念止作解脫.

마음이 섭수(攝受)할 때에도 역시 숨이 들어가고 나가는 것을 관찰한다. 설사 마음이 안정되지 않았더라도 강제로 항복시켜 안정되게 한다.[77]

경전에서 설명하고 있는 것과 같이 마음의 안정은 도(道)이며, 마음의 흐트러짐은 도가 아니다. 마음이 해탈했을 때도 역시 숨이 들어오고 나오는 것을 관찰한다. 만일 마음으로 이해하지 못했으면 강제로 항복시켜 이해하게 한다.[78]

예컨대 양(羊)이 창이(蒼耳)[79]에 들어가는 것과 같다. 창이를 몸에 걸치면 사람들은 점차 그것에서 벗어나게 된다. 마음으로 여러 가지 번뇌의 결박에서 벗어나는 것도 역시 마찬가지이다. 이것을 심념지(心念止)로 해탈을 이룬다고 한다.[80]

77) 10. 심작(心作).

78) 11. 심해탈(心解脫).

79) 창이(蒼耳): 도꼬마리라고 한다. 국화과의 한해살이 풀. 줄기 높이 1.5m 가량. 8~9월에 황색 꽃이 핌. 수과는 타원형이고 갈고리가 있어 옷에 붙는데, 약재로 쓰인다.

80) 이상의 2가지는 심념처관(心念處觀)에 속한다.

㈑ 법에 대한 마음챙김〔法念處〕

觀無常亦念息入出. 觀諸法無常生滅空無吾我. 生時諸法空生, 滅時諸法空滅. 是中無男無女無人無作無受. 是名隨無常觀.

觀有爲法出散, 亦念息入出無常, 是名出散. 諸有爲法現世中出, 從過去因緣和合故集, 因緣壞故散. 如是隨觀是名出散觀. 觀離欲結, 亦念息入出. 心離諸結. 是法第一. 是名隨離欲觀. 觀盡亦念息入出. 諸結使苦在在處盡, 是處安隱. 是名隨盡觀. 觀棄捨亦念息入出. 諸染愛 · 煩惱 · 身 · 心 · 五陰 · 諸有爲法棄捨, 是第一安隱. 如是觀, 是名隨法意止觀. 是名十六分[81].

무상을 관하는 데도 역시 숨이 들어오고 나가는 것을 관찰한다.[82] 일체의 존재는 늘 변하는 것이며, 태어나고 없어지며, 공이요, 무아라고 관찰한다. 태어날 때도 일체의 존재는 공생(空生)이며, 없어질 때도 일체의 존재는 공멸(空滅)이다. 이 가운데는 남자도 여자도 없으며, 사람도 없고, 만드는 것도 받는 것도 없다. 이것을 무상관(無常觀)에 따르는 것이라고 한다.

유위법(有爲法)의 나와서 흩어짐을 관하는 데도 역시 숨이 들어오고 나가는 것의 무상함을 관찰한다. 이것을 나와서 흩어지는 것이라고 한다.[83] 여러 가지 유위법은 현세 속에서 나온다. 과거의 인연

---

81) 대정본에는 法意止觀是名十六分으로 되어 있고, 원, 명, 궁본에는 棄捨觀息入出是名數息十六分也로 되어 있다.

82) 12. 관무상(觀無常).

83) 13. 관출산(觀出散).

에 따라 화합하기 때문에 모이고, 인연이 허물어지기 때문에 흩어진다. 이와 같이 관(觀)함에 따르는 것을 출산관(出散觀)이라고 한다.

욕망과 번뇌를 여의는 것을 관하는 데도 역시 숨이 들어오고 나가는 것을 관찰한다.[84] 마음이 여러 번뇌를 여의면 이 법이 제일이다. 이것을 이욕관(離欲觀)에 따른다고 한다.

다함〔盡〕을 관하는 데도 역시 숨이 들어오고 나가는 것을 관찰한다.[85] 여러 번뇌의 고통이 있는 곳곳에서 소진(消盡)하는데 이 곳은 안온하다. 이것을 진관(盡觀)에 따른다고 한다.

버리는 것을 관(觀)하는 데도 역시 숨이 들어오고 나가는 것을 관찰한다.[86] 여러 가지의 염애(染愛)·번뇌(煩惱)·신(身)·심(心)·오음(五陰) 등 여러 가지 유위법을 버리면 이것이 가장 안온한 것이다. 이와 같이 관하는 것을 법의지관(法意止觀)에 따르는 것이라고 한다.[87] 이것을 열여섯 가지 지분이라고 한다.

5. 염불관(念佛觀)[88] – 균등〔等分〕을 다스림

第五法門治等分行, 及重罪人求索佛. 如是人等當敎一心念佛三昧. 念佛

84) 14. 관리욕(觀離欲).
85) 15. 관멸(觀滅).
86) 16. 관기사(觀棄捨).
87) 이상 5가지는 법념처관(法念處觀)에 속한다.

三昧有三種人, 或初習行, 或已習行, 或久習行, 若初習行人將至佛像所, 或教令自往諦觀佛像相好, 相相明了一心取持[89]還至靜處, 心眼觀佛像令意不轉, 繫念在像不令他念. 他念攝之令常在像. 若心不住師當教言. 汝當責心. 由汝受罪不可稱計, 無際生死種種苦惱無不更受. 若在地獄吞飮洋銅食燒鐵丸, 若在畜生食糞噉草, 若在餓鬼受飢餓苦, 若在人中貧窮困厄, 若在天上失欲憂惱. 常隨汝故令我受此種種身惱心惱無量苦惱. 今當制汝, 汝當隨我. 我今繫汝一處, 我終不復爲汝所困更受苦毒也. 汝常困我, 我今要當以事困汝. 如是不已心不散亂. 是時便得心眼見佛像相光明, 如眼所見無有異也. 如是心住, 是名初習行者思惟. 是時當更念言. 是誰像相. 則是過去釋迦牟尼佛像相. 如我今, 見佛形像, 像亦不來我亦不往, 如是心想見過去佛, 初降神時震動天地, 有三十二相[90]大人相.

제오 법문은 등분(等分)[91]을 다스리는 수행이다. 무거운 죄를 지은 사람으로 하여금 부처님을 찾게 한다. 이와 같은 사람들에게는 마땅히 한마음으로 염불삼매를 가르쳐야 한다. 염불삼매에는 세

---

88) 제오문(第五門) 염불관(念佛觀)을 나타낸다.

89) 원, 명본에는 억지(憶持)로 되어 있다.

90) 대정본에는 三十二相이지만, 원, 명, 궁본에는 相이 없다. 이하 삼십이상을 설명. 三十二相의 하나하나에 대해서는 모든 경론에 다소의 차이가 있다.

91) 등분(等分): 성실견(性實見)과 착아견(著我見), 단(斷)상(常)의 견(見)이라는 네 가지 견해가 모두 존재하는 것을 말한다. 성실견이란 본질적인 궁극적 존재가 있다는 견해이며, 착아견은 나에게 집착하는 견해이고, 단견은 일종의 염세주의로서 이 세상은 단멸한다고 생각하는 것이며, 상견은 이 세상은 영원히 존재한다고 생각하는 견해이다.

부류의 사람이 있으니, 초습행(初習行) · 이습행(已習行) · 구습행(久習行)이다.

만일 초습행(初習行)의 사람이라면 이끌어서 불상이 있는 곳에 이르게 하거나 혹은 스스로 가게 하여 불상(佛像)의 상호(相好)를 잘 관찰하게 한다. 모습과 모습이 명료해지면 한마음으로 지니고 조용한 곳으로 돌아가 마음의 눈(心眼)으로 불상을 관(觀)하여 마음이 변하지 않게 하고, 생각을 묶어 불상에 두고 다른 생각을 하지 않게 한다. 다른 생각으로 흩어지지 않게 하여 항상 불상에 머물게 한다. 만일 마음이 머물지 않으면 스승은 마땅히 이렇게 가르쳐야 한다.

"그대는 마땅히 마음을 꾸짖어야 한다. 그대로 말미암아 받는 죄가 헤아릴 수 없어 끝없는 생사와 가지가지의 고뇌를 받지 않는 것이 없다. 만일 지옥에 있으면 큰 바닷물과 구리를 삼키거나 마시며, 달궈진 쇠구슬을 먹고, 만일 축생계에 있으면 똥과 풀을 먹으며, 만일 아귀계에 있으면 배고픔의 고통을 받고, 만일 사람 속에 있으면 가난하고 고단하며, 만일 하늘 위에 있으면 욕망을 잃어버리고 근심한다. 항상 그대를 따르기 때문에 이 가지가지의 육체적 고뇌(身惱), 정신적 고뇌(心惱) 등 헤아릴 수 없는 고뇌를 받게 된다. 이제 마땅히 그대를 통제하리니, 그대는 마땅히 나를 따르라. 내 이제 그대를 한곳에 묶으리라. 내 마침내 다시는 그대가 곤란해지고 더욱이 괴로움의 해독을 받지 않게 하리라. 그대는 항상 나를 곤란하게 했다. 내 이제 마땅히 일로써 그대를 곤란하게 하리라. 이와 같이 끝내지 않으면 마음이 산란하지 않으리라. 이 때 문득 마음의 눈을 얻어 불상의 모습과 광명을 보리라. 눈에 보인 그대로 여서 다르지 않다. 이와 같이 마음이 머물면 이것을 초습행자의 사유라고 이름한다."

이 때 마땅히 다시 생각해서 "이것은 누구의 모습인가? 바로 과거 석가모니부처님의 모습이다. 내 이제 부처님의 형상을 보았듯이 형상도 오지 않고, 나 역시 가지 않는다."라고 말해야 한다. 이와 같은 심상(心想)으로 과거의 부처님을 본다. 처음 신이 내려올 때는 하늘과 땅을 진동시키고, 삼십이상(三十二相)의 대인(大人)의 모습을 지니고 있다.

(1) 부처님 32상(相)

一者足下安平立. 二者足下千輻輪. 三者指長好. 四者足跟廣. 五者手足指合縵網. 六者足趺高平好. 七者伊尼延[92]鹿蹲. 八者平住手過膝. 九者陰馬藏相. 十者尼俱盧陀身. 十一者一一孔一一毛生. 十二者毛生上向而右旋. 十三者身色勝上金. 十四者身光面一丈. 十五者皮薄好. 十六者七處滿. 十七者兩腋下平好. 十八者上身如師子. 十九者身大好端直. 二十者肩圓

92) 伊泥(대정본에는 尼이지만, 원, 명, 궁본에 있는 泥로 고침). 延(Aineyn)은 鹿의 이름이다.

好. 二十一者四十齒. 二十二者齒白齊密等而根深. 二十三者四牙白而大. 二十四者頰方如師子. 二十五者味中得上味. 二十六者舌大廣長而薄. 二十七者梵音深遠. 二十八者迦蘭頻伽[93]聲. 二十九者眼紺青色. 三十者眼睫如牛王. 三十一者頂髮[94]肉骨成. 三十二者眉間白毛長好右旋.

첫 번째, 발바닥이 편안하고 평평하다.

두 번째, 발바닥에 천 개의 바퀴살이 있다.

세 번째, 손가락이 길고 아름답다.

네 번째, 발과 발꿈치가 넓다.

다섯 번째, 손가락과 발가락이 모두 명주 그물 같다.

여섯 번째, 결가부좌가 높고 평평하며 아름답다.

---

93) 대정본에는 迦蘭頻伽이며 원, 명, 궁본에 迦陵頻伽로 고친다. 가릉빈가(迦陵頻伽): 불경(佛經)에 나타나는 상상의 새인데, 히말라야 산에 있는 불불조(bulbul鳥)라는 공작의 일종이라고 보기도 한다. 가릉빈가는 미성(美聲)을 가진 새로 알 안에 있을 때부터 잘 운다고 하며, 그 소리를 듣는 자는 싫증을 내지 않는다고 한다. 일설에는 극락정토에 사는 새라고 하여 극락조(極樂鳥)라 하기도 한다. 정토만다라(淨土曼茶羅) 등에서는 인두조신(人頭鳥身)의 형상으로 그리고 있다. 머리와 팔은 사람의 형상을 하였고 몸체에는 비늘이 있으며, 머리에는 새의 깃털이 달린 화관을 쓰고 악기를 연주하고 있는 모습으로 나타난다. 원래의 형태는 봉형(鳳形)에서 발전한 형상이라고 생각되며, 불 · 보살의 묘음(妙音)에 비유된다. 『대지도론(大智度論)』 권28(대정장25, p. 267a13)에 "마치 가릉빈가 새가 알 속에서 나오기 전에도 울음소리를 내는데 그 울음소리는 여타 다른 새들의 어느 것보다도 미묘하며 뛰어나듯이, 보살마하살도 또한 이와 같다. 보살마하살이 아직 무명의 껍질에 싸여 벗어나지 못했더라도 그의 설법하고 의론하는 음성은 성문이나 벽지불 및 모든 외도들보다 뛰어났기 때문이다(如迦陵頻伽鳥 在轂中未出 發聲微妙 勝於餘鳥 菩薩摩訶薩 亦如是 雖未出無明轂 說法義論之音 勝於聲聞 辟支佛 及諸外道)."라고 하였다.

94) 대정본에는 髮이나 원, 명, 궁본에는 髻로 쓰인다.

일곱 번째, 이니연(伊尼延)[95] 사슴의 어깨와 같다.

여덟 번째, 바로 섰는데도 손이 무릎을 지난다.

아홉 번째, 음마장(陰馬藏)[96]의 모습이다.

열 번째, 니구로다(尼俱盧陁)[97]의 몸이다.

열한 번째, 하나하나의 구멍마다 하나하나의 털이 나 있다.

열두 번째, 털이 위쪽을 향해 나서 오른쪽으로 감겨있다.

열세 번째, 몸의 빛깔이 상품의 금보다 뛰어나다.

열네 번째, 신광(身光)이 네 면의 한 길〔丈〕을 비춘다.[98]

열다섯 번째, 피부가 아름답다.

열여섯 번째, 일곱 곳이 가득 차 있다.[99]

열일곱 번째, 양쪽 겨드랑이 아래가 평평하고 아름답다.

열여덟 번째, 윗몸이 사자와 같다.

열아홉 번째, 몸이 크고 아름다우며 단정하고 반듯하다.

스무 번째, 어깨가 둥글고 아름답다.

스물한 번째, 사십 개의 이〔齒〕가 있다.

---

95) 이니연(伊泥延, Aineya)은 사슴〔鹿〕의 이름이다.

96) 음마장상(陰馬藏相)은 음처청정(陰處淸淨)으로서 둘 다 숨겨져 보이지 않는 것. 마왕(馬王)과 같음을 전한다.

97) 니구로다(尼俱盧陀): 용수(榕樹)라는 것. 나뭇가지로 드리워 땅으로 들어가는 가지런하고 바른 형태가 되는 것을 불신(佛身)에 비유한다.

98) 신광면일장(身光面一丈)이라는 것은, 면(面)에 비친 상하팔방 각 일심(一尋)의 사이를 비추는 것.

99) 칠처만(七處滿)이라는 것은, 양발 · 양손 · 머리 · 양어깨의 칠처평만(七處平滿)이라고 한다.

스물두 번째, 이(齒)가 희고 고르며 빽빽하고 뿌리가 깊다.

스물세 번째, 네 개의 어금니가 희고 크다.

스물네 번째, 뺨이 사자와 같다.

스물다섯 번째, 맛 중에서 최상의 맛을 얻는다.

스물여섯 번째, 혀가 크고 넓고 길면서 얇다.

스물일곱 번째, 범음(梵音)[100]으로 심원(深遠)하다.

스물여덟 번째, 가릉빈가(迦陵頻伽)의 음성이다.

스물아홉 번째, 눈이 감청색이다.

서른 번째, 속눈썹이 우왕(牛王)과 같다.

서른한 번째, 정수리의 터럭이 육골(肉骨)을 이룬다.

서른두 번째, 미간에 흰 터럭이 길고 아름답게 오른쪽으로 감겨 있다.

(2) 부처님 80종호(種好)

復次八十種小相. 一者無見頂. 二者鼻直高好孔不現. 三者眉如初生月紺琉璃色. 四者耳好. 五者身如那羅延. 六者骨際如鉤鎖. 七者身一時迴如象王. 八者行時足去地四寸而印文現. 九者爪如赤銅色薄而潤澤. 十者膝圓好. 十一者身淨潔. 十二者身柔軟. 十三者身不曲. 十四者指長圓纖. 十五者指紋如畫雜色莊嚴. 十六者脈深不現. 十七者踝深不現. 十八者身潤光澤[101].

100) 범음(梵音): 범천(梵天)의 음성을 말하며, 미묘청정(微妙清淨)한 음률을 낸다.

十九者身自持不委他. 二十者身滿足(三月受胎 二月生). 二十一者容儀備足. 二十二者住處安(如牛王立不動). 二十三者威振一切. 二十四者一切樂觀. 二十五者面不長. 二十六者正容貌不撓色. 二十七者脣如頻婆果色. 二十八者面圓滿. 二十九者響聲深. 三十者臍圓深不出. 三十一者毛處處右旋. 三十二者手足滿. 三十三者手足如意(舊言內外握者是). 三十四者手足文明直. 三十五者手文長. 三十六者手文不斷. 三十七者一切惡心衆生見者皆得和悅色. 三十八者面廣姝. 三十九者面如月. 四十者衆生見者不怖不懼. 四十一者毛孔出香風. 四十二者口出香氣衆生遇者樂法七日. 四十三者儀容如師子. 四十四者進止如象王. 四十五者行法如鵝王. 四十六者頭如磨陀羅果(此果不圓不長). 四十七者聲分滿足(聲有六十種分佛皆具足). 四十八者牙利. 四十九者(無漢名故 不得出也). 五十者舌大而赤. 五十一者舌薄. 五十二者毛純紅色色淨潔. 五十三者廣長眼. 五十四者孔門滿(九孔門相具足滿). 五十五者手足赤白如蓮華色. 五十六者腹不見[102]不出. 五十七者不失腹[103]. 五十八者不動身. 五十九者身重. 六十者大身. 六十一者身長. 六十二者手足滿淨. 六十三者四邊遍大光[104]光明自照而行. 六十四者等視衆生. 六十五者不著教化不貪弟子. 六十六者隨衆聲滿不減不過. 六十七者隨衆音聲而爲說法. 六十八者語言無礙. 六十九者次第相續說法. 七十者一切衆生目不能諦視相知盡. 七十一者視無厭足. 七十二者髮長好. 七十三者髮好[105]. 七十四者

101) 원, 명, 궁본에는 신광윤택(身光潤澤)이라 한다.
102) 원, 명, 궁본에는 현(現)으로 쓰여졌다.
103) 대정본에는 凸腹이며, 원, 명, 궁본에 있는 失腹으로 고쳤다.
104) 원, 명, 궁본에는 장광(丈光)이라 쓰여졌다.

髮不亂. 七十五者髮不破. 七十六者髮柔軟. 七十七者髮靑毘琉璃色. 七十八者髮紋上[106]. 七十九者髮不稀. 八十者胸有德字[107]手足有吉字.

다시 여든 가지 작은 모습의 특징[108]이 있다.

첫째, 정수리를 볼 수 없다.

둘째, 코가 곧고 높으며 아름답고 콧구멍이 보이지 않는다.

셋째, 눈썹이 초생 달과 같고 감색 유리 빛이다.

넷째, 귀가 아름답다.

다섯째, 몸이 나라연[109]과 같다.

여섯째, 뼈 마디는 쇠구슬과 같다.

일곱째, 몸이 일시에 회전하는 것이 코끼리 왕과 같다.

여덟째, 움직일 때는 발이 땅에서 네 마디씩 문양을 찍어서 나타낸다.

아홉째, 손톱은 붉은 구리 빛깔과 같고 얇으면서도 윤택하다.

열 번째, 무릎이 둥글고 아름답다.

열한 번째, 몸이 청결하다.

---

105) 발호(髮好)와 발선(髮旋)을 같이 쓰이고 있다.

106) 발문상(髮紋上)과 발유상(髮柔上)을 같이 쓰이고 있다.

107) 덕자(德字)는 만(卍)이라는 것, 길자(吉字)는 만(卍)을 의미하는 길상해운상(吉祥海雲相)의 길(吉)을 취한 것.

108) 80종호(八十種好)는 80수형호(八十隨形好)라고 말한다. 삼십이상에 비교하여 세부적인 특상(特相)이 되고 또 여러 경론에 있어서 다르다.

109) 나라연(那羅延)은 천상(天上)의 역사(力士)를 말한다.

열두 번째, 몸이 유연하다.

열세 번째, 몸이 굽지 않았다.

열네 번째, 손가락이 길고 둥글며 가늘다.

열다섯 번째, 손가락의 문양이 그린 것과 같으며, 여러 가지 색으로 장엄(莊嚴)하였다.

열여섯 번째, 혈맥이 깊어 보이지 않는다.

열일곱 번째, 복사뼈가 깊어서 보이지 않는다.

열여덟 번째, 몸에 윤기가 나고 광택이 있다.

열아홉 번째, 몸을 스스로 지키고 남에게 맡기지 않는다.

스무 번째, 몸이 달을 다 채워서 태어난다.(3월에 태에 들어서 2월에 태어나다.)

스물한 번째, 용모와 위의를 갖추어 족하다.

스물두 번째, 머무는 곳마다 편안하다.(우왕(牛王)이 서서 움직이지 않는 것과 같다.)

스물세 번째, 위엄을 일체에서 떨친다.

스물네 번째, 일체를 즐겁게 본다.

스물다섯 번째, 얼굴이 길지 않다.

스물여섯 번째, 반듯한 용모에 요란하지 않은 빛깔이다.

스물일곱 번째, 입술이 빈바(頻婆)[110] 열매의 빛깔과 같다.

스물여덟 번째, 얼굴이 원만하다.

---

110) 빈바(頻婆 Bimba): 적색으로 가지런하고 바른 형태가 되는 과실의 이름.

스물아홉 번째, 소리가 깊다.

서른 번째, 배꼽이 둥글고 깊어 나오지 않았다.

서른한 번째, 터럭이 곳곳마다 오른쪽으로 감겨 있다.

서른두 번째, 손과 발이 원만하다.

서른세 번째, 손과 발을 마음대로 할 수 있다.(옛말에 주먹을 쥐었다 폈다 하는 것이 이렇다.)

서른네 번째, 손과 발의 무늬가 분명하고 곧다.

서른다섯 번째, 손의 무늬가 길다.

서른여섯 번째, 손의 무늬가 끊어지지 않았다.

서른일곱 번째, 일체의 악한 마음을 머금고 있는 중생들이 보면 모두 온화하고 기쁜 색깔을 얻는다.

서른여덟 번째, 얼굴이 넓고 아름답다.

서른아홉 번째, 얼굴이 달덩이 같다.

마흔 번째, 중생들이 보면 두려워하지 않는다.

마흔한 번째, 털구멍에서 향기로운 바람이 나온다.

마흔두 번째, 입에서 향기가 나오고 중생들이 만나면 칠 일간 법을 즐긴다.

마흔세 번째, 풍채가 사자와 같다.

마흔네 번째, 나아가고 머무는 것이 코끼리 왕과 같다.

마흔다섯 번째, 법을 실천하는 것이 독수리 왕과 같다.

마흔여섯 번째, 머리는 마타라(磨陁羅)[111] 열매와 같다.(이 열매는 둥글지도 않고 길지도 않다.)

마흔일곱 번째, 성분(聲分)이 구족하다.(음성에는 60종류가 있으며 부처님은 모두 갖추셨다.)

마흔여덟 번째, 어금니가 날카롭다.

마흔아홉 번째, (중국어에 해당하는 이름이 없어서 쓰지 못한다)

쉰 번째, 혀가 크고도 붉다.

쉰한 번째, 혀가 얇다.

쉰두 번째, 털이 순수한 홍색(紅色)이며 색깔이 맑고 깨끗하다.

쉰세 번째, 넓고 긴 눈이다.

쉰네 번째, 구멍의 문이 차 있다.(9구멍의 문이 서로 차서 갖추고 있다.)

쉰다섯 번째, 손과 발이 붉고 흰 것이 연꽃 색깔과 같다.

쉰여섯 번째, 배가 들어가지도 나오지도 않았다.

쉰일곱 번째, 볼록한 모양의 배가 아니다.

쉰여덟 번째, 몸을 움직이지 않는다.

쉰아홉 번째, 몸이 무겁다.

예순 번째, 몸이 크다.

예순한 번째, 몸이 길다.

예순두 번째, 손과 발이 원만하고 깨끗하다.

예순세 번째, 사방에 커다란 빛이 두루하고 광명이 스스로 비

111) 마타라(磨陀羅): 취과(醉果)로 번역하며, 모양이 크기 때문에 빈랑(檳榔)과 같다.

춘다.

예순네 번째, 중생을 평등하게 본다.

예순다섯 번째, 교화에 집착하지 않고, 제자를 탐내지 않는다.

예순여섯 번째, 많은 사람의 소리에 따라 가득하며, 줄지도 않고 넘치지도 않는다.

예순일곱 번째, 많은 사람의 음성에 따라서 설법을 한다.

예순여덟 번째, 말씀을 하시되 걸림이 없다.

예순아홉 번째, 차례로 서로 이어서 설법한다.

일흔 번째, 일체 중생들이 보아서는 그 모습을 자세하게 다 알 수 없다.

일흔한 번째, 살핌에 싫어하거나 만족함이 없다.

일흔두 번째, 머리카락이 길고 아름답다.

일흔세 번째, 머리카락이 아름답다.

일흔네 번째, 머리카락이 헝클어지지 않는다.

일흔다섯 번째, 머리카락이 부서지지 않는다.

일흔여섯 번째, 머리카락이 유연하다.

일흔일곱 번째, 머리카락이 푸르고 유리와 비슷한 색깔이다.

일흔여덟 번째, 머리카락을 위에서 묶었다.

일흔아홉 번째, 머리카락이 성글지 않다.

여든 번째, 가슴에 덕(德)이라는 글자가 있고, 손과 발엔 길(吉)이라는 글자가 있다.

(3) 여래십호(十號)

光明徹照無量世界, 初生行七步發口演要言, 出家勤苦行菩提樹下降伏魔軍, 後夜初明成等正覺. 光相分明遠照十方靡不周遍. 諸天空中絃歌供養散華雨香. 一切衆生咸敬無量. 獨步三界還顧轉身如象王迴. 觀視道樹, 初轉法輪, 天人得悟以道自證得至涅槃. 佛身如是感發無量. 專心念佛不令外念. 外念諸緣攝之令還. 如是不亂. 是時便得見一佛二佛乃至十方無量世界諸佛色身. 以心想故皆得見之. 既得見佛又聞說法言. 或自請問佛爲說法解諸疑網. 既得佛念當復念佛功德法身, 無量大慧, 無崖底智, 不可計德. 多陀阿伽度〈多陀秦言如 阿伽度 言解 亦言實語 又言諸餘聖人 安隱道來 佛如是來 復次更不來 後有中也〉· 阿梨〈魯迷反〉呵〈阿梨 秦言賊 呵言殺 佛以忍辱爲鎧 精進爲堅牢 禪定爲弓 智慧爲箭 殺憍慢等賊 故名殺賊也〉· 三藐〈無灼反〉三佛陀〈三藐秦言 眞實 三佛陀 言一切覺覺苦因習涅槃因 道正解 見四實不可轉 了盡無餘故 言眞實覺一切〉 鞞伽〈除夜反〉· 遮羅那〈鞞伽 秦言明 遮羅那 言善行 明三明也 行淸淨之行以之獨成無師大覺 故言明善行也〉 三般那〈秦言滿成〉· 宿伽陀〈秦言 善解亦名善自得 又言善說無患〉· 路伽憊〈皮拜反 路加 秦言智 智者 知世因知盡道故名世智 世智知世也〉· 阿耨多羅〈秦言 無上善法 聖智示導一切 大德無量 梵魔衆聖 莫有及者 何況能過佛尊德大故 言無上〉· 富樓沙曇藐〈富樓沙 秦言 大丈夫 曇藐 言可言可化丈夫 調御師 佛以大慈大悲大智故 有時軟美語 有時苦切語 或以親教以此調御 令不失道故 名佛爲可化丈夫調御師法也〉舍 ·〈賒音〉 多〈都餓反〉 提婆魔㝹舍喃〈奴甘反 秦言天人師 盡能解脫一切人煩惱 常住不退上法〉· 佛婆伽婆〈過去未來現在行不行知 行盡不盡 一切諸法菩提樹下 一切了了知故 名佛 婆伽婆 言有大名聲 復次婆 名女根 婆名吐 永棄女根故 女根吐也〉.

광명이 무량한 세계를 꿰뚫어 비추고, 처음 태어나자마자 일곱 걸음을 걸으며 입을 열어 긴요한 말씀을 베푸셨다. 출가하여 고행에 힘쓰고, 보리수 아래에서 마군을 항복시켰으며, 후야(後夜)의 새벽에 평등한 정각(正覺)을 이루셨고, 빛나는 모양이 분명해서 멀리 시방을 비추되 두루하지 아니함이 없으며, 여러 하늘이 허공 속에서 현악에 맞추어 노래 부르고, 꽃비와 향기를 뿌리니 일체 중생들이 모두 공경하되 헤아릴 수가 없다.

홀로 삼계를 거닐다 되돌아보시고 몸을 굴리시니 코끼리 왕이 도는 것과 같다. 도의 나무를 보고 처음 법의 수레바퀴를 굴리시니 천인(天人)이 깨달음을 얻고, 도로써 스스로 깨달으니 열반에 이르게 된다.

부처님의 몸은 이와 같이 사람의 마음을 감동시켜 분발케 함이 헤아릴 수 없다. 마음을 다해 염불하여 생각이 벗어나지 않게 한다. 바깥으로 여러 반연을 생각하면 그것을 추슬러 돌아가게 한다. 이와 같이 흩어지지 않으면 이 때 문득 한 분의 부처님, 두 분의 부처님 내지 시방의 헤아릴 수 없는 세계의 여러 부처님의 색신(色身)을 볼 수 있다. 심상(心想)으로써 모두 그것을 볼 수 있다. 이미 부처님을 볼 수 있게 되었고 또한 설법의 말씀을 들었다. 혹 스스로 묻기를 청한다면 부처님께서는 설법을 하여 여러 가지 의심의 그물을 풀어 주신다.

이미 부처님의 생각을 얻었다면 마땅히 다시 부처님의 공덕과 법신은 헤아릴 수 없는 위대한 지혜이고, 낭떠러지나 밑바닥이 없는 지혜이며, 헤아릴 수 없는 덕이라고 생각해야 한다.

(1) 다타아가도(多陀阿伽度) : 다타(多陀)는 진(秦)나라 말로는 여(如)이고 아가도(阿伽度)는 해(解)라고 한다. 또 진실한 말(實語)이라고도 하며, 또 모든 성인께서 편안한 길로 오신다는 말이며, 부처님께서 이와 같이 오신다는 뜻이다. 또 다시는 오지 않는다는 뜻으로 뒤에는 중(中)의 의미가 있게 되었다.

(2) 아리가(阿犁呵) : 아리(阿犁)는 진나라 말로는 적(賊)이며, 가(呵)는 살(殺)이라는 말이다. 즉 부처님께서 인욕(忍辱)으로써 갑옷을 삼고 정진(精進)으로써 견뢰를 삼으며, 선정(禪定)으로써 활을 삼고 지혜로써 화살을 삼아 교만 등의 도적을 죽이시므로 살적(殺賊)이라고 한 것이다.

(3) 삼막삼불타(三藐三佛陀) : 삼막(三藐)은 진나라 말로 진실(眞實)이라는 말이고, 삼불타(三佛陀)는 일체를 다 깨달았다는 뜻이니 괴로움의 원인을 깨달아 열반의 원인을 익혀 바른 견해를 말하고 네 가지 진실을 알아 바꾸어지지 않는다. 다 깨달아 남음이 없기 때문에 진실각일체(眞實覺一切)라고 말한다.

(4) 비가차라나삼반나(鞞伽遮羅那三般那) : 비가(鞞伽)는 진나라 말로

는 명(明)이고 차라나(遮羅那)는 선행(善行)이라는 뜻이다. 삼명(三明)을 밝히고 청정한 행을 실천하여 그로 인해 홀로 스승 없이 대각(大覺)을 성취하였기 때문에 명선행(明善行)이라고 말한다.

(5) 숙가타(宿伽陀): 진나라 말로는 잘 안다〔善解〕는 뜻이며, 또한 선자득(善自得)이라고도 한다. 또한 선설무환(善說無患)이라고도 한다.

(6) 로가비(路伽憊): 로가(路伽)는 진나라 말로 지(智)라고 하니 지(智)라는 것은 세상의 이치를 알고 진도(盡道)를 다 알기 때문에 세지(世智)라고 말하는 것이며, 세지는 또한 세상을 안다는 뜻이다.

(7) 아녹다라(阿耨多羅): 진나라 말로는 무상선법(無上善法)이라고 한다. 성인의 지혜로 일체를 다 나타내어 인도하고 큰 덕이 한량없어서 범마중성(梵魔衆聖)도 미칠 수 없거늘 더구나 일반 중생이야 어떻게 부처님의 높은 덕에 미칠 수 있겠는가? 그러므로 무상(無上)이라고 말한 것이다.

(8) 부루사담먁(富樓沙曇藐): 부루사(富樓沙)는 진나라 말로 대장부(大丈夫)라 하고 담먁(曇藐)은 가(可)라고 한다. 가화장부(可化丈夫) 또는 조어사(調御師)라고 말하기도 한다. 부처님께서는 대자대비(大慈大悲)하시고 큰 지혜를 지니셨기 때문에 어떤 때는 부드럽고 아름다운 말씀을 하시기도 하고 어떤 때는 고절(苦切)한 말씀이 있으시기도 하며, 혹은 친히 가르치시기도 하니 이렇게 길들이고 가르쳐서 중생들로 하여금 도를 잃지 않게 하시므로 부처님을 이름하여 가화장부조어사법(可化丈夫調御師法)이라고 말하는 것이다.

(9) 사다제파마누사남(舍多提婆魔㝹舍喃): 진나라 말로는 천인사(天人師)라고 한다. 모든 사람들의 번뇌를 다 해탈시켜 주어서 항상 최상의 법에서 물러남이 없게 하신다는 뜻이다.

(10) 불파가파(佛婆伽婆): 과거 · 미래 · 현재의 행(行)과 불행(不行)을 아시고 진(盡)과 부진(不盡)을 실천하시며 일체 법을 보리수 아래에서 분명히 깨달으셨으므로 불(佛)이라고 한다. 파가파(婆伽婆)는 큰 명성(名聲)이 있다는 말이며, 또한 파(婆)는 여근(女根) 또는 토(吐)라고도 하니 여근을 영원히 버렸기 때문에 여근토(女根吐)라고 한다.[112]

爾時復念二佛神德, 三四五佛乃至無量盡虛空界. 皆悉如是復還見一佛. 能見一佛作十方佛, 能見十方佛作一佛. 能令一色作金銀水精毘琉璃色, 隨人意樂悉令見之. 爾時惟觀二事, 虛空佛身及佛功德. 更無異念. 心得自在意不馳散. 是時得成念佛三昧. 若心馳散念在五塵若在六覺者, 當自勗勉剋

---

112) 이하 불십호 아래 하나하나의 할주에 있어 원어를 번역하여 해석하지만 생략한다.
1) 다타아가도(多陀阿伽度)는 여래(如來)로 번역한다.
2) 아리가(阿梨呵)는 응공(應供)으로 번역한다.
3) 삼막삼불타(三藐三佛陀)는 정변지(正遍知)로 번역한다.
4) 비가차라나삼반나(鞞伽遮羅那三般那)는 명행족(明行足)으로 번역한다.
5) 숙가타(宿伽陀)는 선서(善逝)로 번역한다.
6) 로가비(路伽憊)는 세간해(世間解)로 번역한다.
7) 아녹다라(阿耨多羅)는 무상사(無上士)로 번역한다.
8) 부루사담먁(富樓沙曇藐)은 조어장부(調御丈夫)로 번역한다.
9) 사다제바마누사남(舍多提婆魔耨舍喃)은 천인사(天人師)로 번역한다.
10) 불파가파(佛婆伽婆)는 세존(世尊)으로 번역한다.

勵其心强制伏之. 如是思惟, 人身難得佛法難遇. 故曰衆明日爲最, 諸智佛爲最. 所以者何佛興大悲常爲一切故, 頭目髓腦救濟衆生. 何可放心不專念佛而孤負[113]重恩. 若佛不出世則無人道 · 天道 · 涅槃之道. 若人香華供養以骨肉血髓起塔供養, 未若行人以法供養得至涅槃. 雖然猶負佛恩. 設當念佛空無所獲, 猶應勤心專念不忘以報佛恩. 何況念佛得諸三昧智慧成佛. 而不專念. 是故行者常當專心令意不散, 旣得見佛請質所疑. 是名念佛三昧除滅等分及餘重罪.

그 때 다시 두 부처님의 신령한 덕과 셋, 넷, 다섯 부처님 내지 헤아려 다할 수 없는 허공계가 모두 이와 같음을 생각한다. 다시 되돌아 한 분의 부처님을 본다. 능히 한 분의 부처님으로 시방의 부처님을 만든다고 본다. 능히 시방의 부처님으로 한 분의 부처님을 만든다고 본다. 능히 하나의 색깔로 금 · 은 · 수정 · 유리와 비슷한 색깔을 만들게 하고, 사람들 마음의 즐거움에 따라 모두 그것을 보게 한다.

그 때는 오직 두 가지 일을 보니, 허공의 부처님의 몸과 부처님의 공덕이다. 더구나 다른 생각은 없이 마음에 자재함을 얻어서 뜻이 흐트러지지 않을 때 염불삼매를 이룰 수 있다. 만일 마음이 흐트러지면 생각은 다섯 가지 티끌(五塵)[114]에 있는 것이다. 만일 여섯

113) 원, 명, 궁본에는 고부(辜負)로 쓰인다.

114) 오진(五塵)은 색(色) · 성(聲) · 향(香) · 미(味) · 촉(觸)의 오경(五境)을 말한다.

가지 분별작용에 있으면 마땅히 스스로 힘써서 그 마음을 극복하고 북돋워 강제로 그것을 굴복시켜야 한다.

이와 같이 사유해야 한다. 사람의 몸을 얻기 어렵고 부처님의 법을 만나기 어렵다. 그러므로 여러 가지 밝은 것 중에서 해가 으뜸이며, 여러 가지 지혜 중에서는 부처님이 최고이다. 왜냐하면 부처님께서는 대비를 일으켜 항상 일체(중생)를 위하기 때문에 머리와 눈과 뼛골과 머릿골로써 중생을 구제한다. 그런데 어찌 방심하여 염불에 전념하지 않고 두터운 은혜를 저버리려 하는가? 만일 부처님께서 세상에 나오지 않으셨다면 인도(人道)와 천도(天道)와 열반의 길이 없었을 것이다. 만일 사람이 향과 꽃으로 공양하거나 골육(骨·肉)과 혈수(血髓)로 탑을 세워 공양하더라도 만약 수행인이 아직 법으로써 공양하여 열반에 이르지 않았다면 오히려 부처님의 은혜를 배반하는 것이 되리라. 설사 마땅히 부처와 공과 무소유를 생각하더라도 오히려 마음을 삼가고 전념하여 잊지 않는 것으로써 부처님의 은혜에 보답해야 하는 것이다. 어찌 하물며 염불에 전념하지 않고 여러 삼매와 지혜를 얻고 성불할 수 있으랴?

그러므로 수행자는 항상 전심전력하여 마음이 흩어지지 않게 해야 한다. 이미 부처님을 보게 되었으면 청하여 의심스러운 것을 해결해야 한다. 이 염불삼매는 등분과 나머지 무거운 죄를 없애버리는 것이라고 한다.

좌선삼매경 ● 하

좌선삼매경(坐禪三昧經) 권(卷) 하(下)

Ⅲ. 성문선(聲聞禪)

1. 사마타

(1) 색계사선(色界四禪)[1]

爾時行者雖得一心定力未成, 猶爲欲界煩惱所亂. 當作方便進學初禪呵棄愛欲. 云何呵棄. 觀欲界過, 欲爲不淨種種不善, 當念初禪安隱快樂. 觀欲云何. 知欲無常功德怨家, 如幻如化空無所得. 念之未得癡心已亂, 何況已得婬欲纏覆. 天上樂處猶不常安. 何況人中, 人心著欲無有厭足, 如火得薪如海呑流. 如頂生王雖雨七寶王四天下, 帝釋分座猶不知足. 如那睺沙(姓也)轉金輪王爲欲所逼墮蟒蛇中. 又如仙人食果衣草隱居深山, 被髮求道,

---

1) 색계사선〔色界四禪, 사정려(四靜慮)로도 전한다〕을 설명하고 먼저 욕계정(欲界定)의 불완전한 것을 나타낸다.

猶復不免欲賊所壞. 欲樂甚少怨毒甚多. 著欲之人惡友相近善人疎遠. 欲爲毒酒愚惑醉死. 欲爲欺誑走使愚人, 疲苦萬端不得自在. 唯有離欲身心安隱快樂無極. 欲無所得 如狗齩枯骨. 求欲勤勞極苦乃得. 得之甚難失之甚易. 如假借須臾, 勢不得久. 如夢所見 恍惚卽滅. 欲之爲患求之旣苦得之亦苦. 多得多苦. 如火得薪多益多熾. 欲如搏肉[2] 衆鳥競逐. 以要言之. 如蛾赴火, 如魚呑鉤, 如鹿逐聲, 如渴飮鹹水. 一切衆生爲欲致患無苦不至. 是故當知. 欲爲毒害. 當求初禪滅斷欲火. 行者一心精懃信樂, 令心增進意不散亂, 觀欲心厭除結惱盡得初禪定, 離欲盛火得淸涼定, 如熱得蔭, 如貧得富. 是時便得初禪喜覺. 思惟禪中種種功德, 觀分別好醜便得一心.

그 때 수행자가 비록 한마음을 얻었어도, 아직 선정의 힘을 완성하지 못했으면, 오히려 욕계의 번뇌 때문에 혼란스러워한다. 마땅히 방편을 만들어 나아가 초선(初禪)을 배우고 애욕을 꾸짖어 버려야 한다. 어떻게 꾸짖어 버리는가? 욕계의 허물을 관(觀)하고 욕계의 갖가지 불선(不善)을 부정하다고 해야 한다. 마땅히 초선의 안온함과 즐거움을 마음챙김해야 한다. 욕계를 관(觀)한다는 것은 무엇인가? 욕계는 무상하며, 공덕의 원가(怨家)이고, 허깨비 같아 허망하여 얻을 바가 없음을 아는 것이다. 그것을 마음챙김으로 얻지 못하면, 어리석은 마음은 이미 혼란스러워하는데, 하물며 이미 얻었

---

2) 대정본에 搏肉이나 원, 명, 궁본에는 段肉으로 되어 있다.

는데 음욕으로 묶어 덮을 것인가? 천상의 극락세계도 오히려 항상 편안하지 못하다. 어찌 하물며 인간세에서랴? 사람의 마음이 욕망에 집착하여 싫어하거나 만족함이 없으면, 불이 장작을 얻는 것과 같고, 바다가 물결을 삼키는 것과 같다. 정생왕(頂生王)[3]이 비록 일곱 가지 보물을 왕의 사천하에 뿌리더라도, 제석(帝釋)[4]이 좌석을 나누고도 오히려 만족할 줄 모르는 것과 같다.

나후사(那睺沙)[5]라는 성을 가진 전금륜왕(轉金輪王)이 욕망에 사로잡혀 이무기〔蟒蛇〕 가운데 떨어지는 것과 같다. 또한 선인(仙人)이 열매를 먹고 풀 옷을 입으며 깊은 산 속에 숨어 살면서 머리카락을 기른 채 도를 구하는 것과 같으며, 오히려 욕망의 도적이 파괴하는 것을 피할 수 없다. 욕망의 즐거움은 매우 적고 원망의 독이 매우 많다.

욕망에 집착하는 사람은 나쁜 친구를 가까이 하고, 착한 사람을 멀리 한다. 욕망으로 독한 술을 삼아 어리석고 미혹하여 취해서 죽

---

3) 정생왕(頂生王)이라는 것은 본경 상권의 주에 설명하고 있다.

4) 제석(帝釋): 범천(梵天)과 함께 불법의 수호신이며, 신들의 왕이기에 제석천왕(帝釋天王)이라고 한다.

5) 나후사(Nahusa)는 아유스(Ayus)의 아들, 야야티(Yayāti)의 아버지이다. 『마하바라타(Mahābhārata)』에 의하면 그는 각고의 노력으로 인드라(Indra)의 위치에 올랐으나 선인들에게 자신의 마차를 끌게 하고 인드라의 아내를 탐하는 등의 거만한 행동으로 선인들의 저주를 받아 천계에서 떨어져 뱀으로 환생하였다. 『불소행찬』(대정장4, p. 20c9)에 "나후사는 고행을 하고 33천을 다스렸으나 욕심을 좇아 마음이 교만하여 선인에게 수레를 끌게 하다가 이러한 방일행으로 인하여 곧 뱀의 세계에 떨어졌다(農沙修苦行 王三十三天 縱欲心高慢 仙人挽步車 緣斯放逸行 即墮蟒蛇中)."라고 하였다.

는다. 욕망은 속이는 것이어서 어리석은 사람들을 드나들게 하고, 피로와 고통이 만 가지라 자재(自在)할 수 없다. 오직 욕망을 버리는 것만이 몸과 마음을 안온하고 지극히 쾌락하게 할 수 있다. 욕망이 얻을 바가 없는 것은 개가 마른 뼈다귀를 씹는 것과 같다. 삼가 애쓰고 지극히 고생하며 구하고자 해야 비로소 얻는다. 그것을 얻기는 매우 어렵지만 그것을 잃기는 매우 쉽다. 마치 잠깐 동안 세력을 빌렸지만 오래가지 않는 것과 같다. 꿈속에서 본 것이 황홀하지만 곧 사라지는 것과 같다. 그것을 하고자 하면 근심이 되며, 그것을 구하고자 하면 이미 괴로움이며, 그것을 얻는 것도 또한 괴로움이다. 많이 얻으면 많이 괴롭다. 불이 장작을 얻되 많으면 많을수록 많이 타오르는 것과 같다. 욕망은 살을 저미는 것과 같아서 온갖 새들이 다투어 쫓는 것과 같다.

요약해서 말하자면, 나방이 불에 다가가는 것과 같고, 고기가 낚시 바늘을 삼키는 것과 같으며, 사슴이 소리를 쫓는 것과 같고, 갈증이 날 적에 짠 물을 마시는 것과 같다. 일체의 중생은 욕망 때문에 근심에 이르며, 괴로움에 이르지 아니함이 없다. 이런 까닭으로, 마땅히 욕망이 독해(毒害)가 됨을 알아야 한다. 마땅히 초선(初禪)을 구하여 욕망의 불을 끊어 없애야 한다. 수행자는 한마음으로 정근하고 믿고 즐거워하여, 마음을 증진시켜 뜻이 흩어지지 않아야 하며, 욕망을 관하여 마음으로 싫어하고 번뇌를 다 없애면 초선정(初禪定)을 얻으며, 욕망의 치성한 불길을 여의고 청량한 삼매를 얻는 것은 뜨거움이 그늘을 얻는 것과 같고, 가난함이 부귀함을 얻는 것과 같다. 이 때 문득 초선에 상응하는 마음작용〔喜覺〕[6]을 얻는다. 선정 속의 가지가지 공덕을 사유하고, 아름다움과 추함을 분별하여 관(觀)하고, 문득 한마음을 얻는다.

(가) 초선(初禪)

問曰, 修行禪人, 得一心相云何可知.

答曰, 面色悅澤徐行靖正不失一心, 目不著色, 神德定力不貪名利擊破憍慢, 其性柔軟不懷毒害無復慳嫉. 直信心淨論議不諍, 身無欺誑易可與語. 柔軟慚愧心常在法, 懃修精進持戒完具, 誦經正憶念隨法行, 意常喜悅瞋處不瞋, 四供養中不淨不受, 淨施則受, 知量止足. 寤起輕利能行二施[7]忍辱除邪. 論議不自滿言語尠少. 謙恪恭敬上中下座, 善師善知識常親近隨順. 飮食知節不著欲味[8]樂獨靜處若苦若樂心忍不動. 無怨無競不喜鬪訟. 如是等種種相得知一心相.[9]

문 선정을 수행하는 사람은 한마음의 모습을 얻는데 어떻게 그것을 알 수 있는가?

답 얼굴빛이 화열(和悅)하고 윤기가 나며, 천천히 다니고 조용하

6) 희(喜)와 각(覺)은 초선(初禪)에 상응하는 마음작용이 된다.
7) 이시(二施)는 재시(財施)와 법시(法施)를 말한다.
8) 대정장은 欲味이나 원, 명, 궁본에는 好味로 고친다.
9) 대정장에는 없으나 원, 명, 궁본에는 如是得入初禪觀分別好醜知의 한 구절이 더 있다.

고 옳고 바르며 한마음을 놓치지 않는다. 눈은 물질에 집착하지 않으며, 신령한 덕과 삼매의 힘으로 명예와 이익을 탐내지 않고 교만함을 격파한다. 그 성품은 유연하여 독해(毒害)를 품지 않으며, 또한 인색하거나 시기하지 않는다. 곧게 믿어 마음이 청정하고, 논의하여 다투지 않으며, 몸가짐에 속임이 없어서 더불어 말하기 쉽다. 유연하고, 부끄러워하며 마음은 항상 법에 있다. 부지런히 수행하고 정진하며 지계(持戒)를 완벽하게 지니고 있으며, 경전을 암송하여 바르게 기억하고 생각은 법행(法行)을 따르며, 뜻은 항상 기쁨에 넘쳐 성낼 곳에서도 화를 내지 않는다. 네 가지 공양[10] 중에서 청정하지 않은 것은 받지 않으며, 청정한 보시는 받고, 양을 알아서 만족할 줄 안다. 잠깨어 일어나면서부터 이익을 가벼이 여기며, 능히 법시(法施)와 재시(財施)를 행하고 인욕으로 삿됨을 제거한다. 스스로 만족하지 않아도 논의하며 말수는 매우 적다.

겸손하고 삼가하며 상 · 중 · 하의 사람을 모두 공경하고, 훌륭한 스승과 선지식을 항상 가까이 하고 따른다. 음식은 절제할 줄 알고 좋은 맛에 집착하지 않으며, 고요한 곳에서 홀로 즐기며, 괴롭거나 즐겁더라도 마음으로 인내하여 동요하지 않으며, 원망이나 다툼도 없으며 다투는 소송을 좋아하지 않는다. 이와 같은 여러 가지 모습으로 한마음의 모습을 알 수 있다.

10) 사공양(四供養)은 본경 상권 주에 설명하고 있다.

(나) 이선(二禪) · 삼선(三禪) · 사선(四禪)

此覺觀二事亂禪定心, 如水澄靜波蕩則濁. 行者如是內已一心覺觀所惱. 如極得息如睡得安, 是時次第無覺無觀生淸淨定, 內淨喜樂得入二禪. 心靜默然本所不得, 今得此喜是時心觀以喜爲患如上覺觀. 行無喜法乃離喜地得賢聖所說樂[11], 一心諦知念護得入三禪. 已棄喜故諦知憶念樂護. 聖人言樂護[12]餘人難捨. 樂中第一過此以往無復樂也. 是故一切聖人於一切淨地中說慈爲第一樂. 樂則是患. 所以者何第一禪中心不動轉, 以無事故. 有動則有轉, 有轉則有苦. 是故三禪以樂爲患. 復以善妙捨此苦樂. 先棄憂喜除苦樂意護念淸淨得入第四禪不苦不樂護淸淨念一心. 是故佛言, 護最淸淨第一名第四禪. 以第三禪樂動故名之爲苦. 是故四禪除滅苦樂名不動處.

이 각(覺)과 관(觀)[13]의 두 사안은 선정의 마음을 혼란시키며, 마치 물이 맑고 고요한데, 파도가 일렁이면 흐려지는 것과 같다. 수행자가 이와 같이 이미 안으로 한마음인데도 각과 관으로 번민하게 된다. 지극하여 휴식을 얻는 것과 같고 잠을 자서 편안함을 얻는 것과 같으며, 이 때 점차 각도 없고 관도 없어서 청정한 선정을

11) 대정본에는 乃離喜地得賢聖所說樂이고 원, 명, 궁본에는 離捨喜地得賢聖樂으로 되어 있다.

12) 호(護)는 사무량심(四無量心)의 사(捨)와 같다.

13) 각(覺)은 해석하면 尋[일으킨 생각]이고 心所[마음부수]라고도 한다. 권오민의 『아비달마 불교』에서는 심소를 마음작용으로 풀이했으나 대림 · 각묵 스님의 『아비달마 길라잡이』에서는 심소를 마음부수라 풀이하였고 이에 따라 표기하였다. 심소법은 마음부수법으로 표기하였다. 관(觀)은 같이 伺[지속적 고찰]로 번역한다. 전자는 麤[거침], 후자는 細[미세함]의 분별작용으로 모두 초선에 상응하는 마음작용이 된다.

일으키고 '내정(內淨) · 희(喜) · 낙(樂) · 정(定)' 네 가지 마음작용에 따라서 이선(二禪)에 들어갈 수 있다.[14] 마음은 고요하고 묵연(默然)해서 본래 얻지 못하여, 이제 이 기쁨(喜)을 얻고, 이 때 마음의 관(觀)은 기쁨으로써 근심을 삼는 것이 앞에서 말한 각과 관이 같다.

기쁨이 없는 법(無喜法)을 행하고, 곧 기쁨의 경지를 여읜 성현들이 말씀하신 바의 즐거움(樂)을 얻으며, 한마음으로 진리를 알고 생각하고 보호하여 삼선(三禪)에 들어갈 수 있다.

이미 기쁨을 버렸기 때문에 진리를 알아서 즐거움을 지키려는 알음알이(念)를 기억한다. 성인은 평온(捨)하여 즐겁다고 말하고 범인은 평온(捨)을 즐겁지 않다고 말한다.[15]

즐거움 중에 첫째가 이렇게 지나가면 다시 즐거움은 없다. 그러므로 모든 성인은 일체의 깨끗한 땅에서 자애를 최고의 즐거움이라 설하였다. 즐거움(樂)은 곧 근심이다. 왜 그러한가? 제일선(第一禪) 중에서는 마음이 움직이거나 변하지 않으며, 무사(無事)하기 때문이다. 움직임이 있으면 곧 변화가 있으며, 변화가 있으면 곧 괴로움이 생긴다. 그러므로 삼선(三禪)에서는 즐거움으로써 근심을 삼는다. 또한 선묘(善妙)로써 이 괴로움과 즐거움(苦樂)을 버린다. 먼저 근심과 기쁨(憂喜)을 버리고 괴로움과 즐거움의 마음을 없애

---

14) 제이선(第二禪)에는 내정(內淨), 희(喜), 락(樂), 정(定)의 4개의 마음작용이 된다.

15) 제삼선(第三禪)에는 사(捨) · 념(念) · 혜(慧) · 락(樂) · 정(定)의 마음의 작용을 수반하고, 본문에 호(護)로 된 것은 사(捨 upeksa)의 옛 번역으로 마음이 평탄한 것을 말한다.

며, 청정함을 호념(護念)하여 제사선(第四禪)의 괴롭지도 즐겁지도 않으며 평온하기 때문에 청정한 마음챙김이 있는〔不苦不樂護淸淨念〕 한마음에 들어갈 수 있다.[16]

그러므로 부처님께서, "평온하여 최고로 청정한 것을 제사선(第四禪)이라고 한다."고 말씀하신 것이다. 제삼선(第三禪)은 즐거움이 움직이기 때문에 그것을 이름하여 괴로움이라 한다. 그러므로 사선(四禪)은 괴로움과 즐거움을 제거하여 없애기 때문에, 동요하지 않는 곳〔不動處〕이라고 말한다.

(2) 무색계정(無色界定)[17]

漸觀空處破內外色想滅有對想, 不念種種色想觀無量空處. 常觀色過念空處定上妙功德, 習念是法速得空處.[18] 念無量識處觀空處過, 念無量識處功德習念是法速得識處.[19] 念無所有處觀識處過, 念無所有處功德. 習念是法便得無所有處. 念非有想非無想處, 若一切想其患甚多若病若瘡若無想是愚癡處. 是故非有想非無想是第一安隱善處. 觀無所有處過念非有想非無想功德, 習念是法便得非有想非無想處.

---

16) 제사선(第四禪)에는 행사청정(行捨淸淨) · 염청정(念淸淨) · 비고비락수(非苦非樂受) · 정(定)의 네 가지 작용을 수반한다.
17) 다음에 무색계(無色界)에 상응하는 사무색정(四無色定)을 설한다.
18) 대정본에는 空處로 원, 명, 궁본에는 空定으로 되어 있다.
19) 대정본에는 識處로 원, 명, 궁본에는 識定으로 되어 있다.

점차 공처(空處)를 관하여 안팎의 물질의 인식〔色想〕을 깨뜨리고, 대상이 있다는 인식〔有對想〕을 없애며, 여러 가지 물질의 인식〔色想〕을 관찰하지 않고, 무량공처(無量空處)를 관한다. 항상 색(色)의 오류를 관하고, 공처정(空處定)의 최상의 미묘한 공덕을 생각하고, 이 법을 익히고 생각하여 공처정에 도달할 수 있다.[20]

무량식처(無量識處)를 생각하고 공처의 허물을 관하며, 무량한 식처의 공덕을 생각하고 이 법을 익히고 생각하여 식처정에 도달할 수 있다.[21] 무소유처(無所有處)를 생각하고 식처의 오류를 관한다. 무소유처정의 공덕을 생각하고 이 법을 익히고 생각하여 문득 무소유처정을 얻는다.[22] 비유상비무상처정(非有想非無想處定)을 생각한다. 만일 일체의 인식에 그 근심이 매우 많다면 병이든, 종기든, 인식할 수 없는 것〔無想〕이든, 이것은 어리석은 곳〔愚癡處〕이다.

그러므로 비유상비무상정은 제일 안온하고 좋은 곳이다. 무소유처정의 오류를 관하고, 비유상비무상의 공덕을 생각하며, 이 법을 익히고 생각하여 문득 비유상비무상처정을 얻는다.[23]

---

20) 1. 무량공처정(無量空處定). 공무변처정(空無邊處定)으로 번역하기도 한다.
21) 2. 무량식처정(無量識處定). 식무변처정(識無邊處定)으로 번역하기도 한다.
22) 3. 무소유처정(無所有處定).
23) 4. 비유상비무상정(非有想非無想定). 비상비비상정(非想非非想定)으로 번역하기도 한다.

(3) 사무량심(四無量心)

或有行者, 先從初地乃至上地, 復於上地習行慈心. 先自得樂破瞋恚毒, 次及十方無量衆生, 是時便得慈心三昧. 悲心憐愍衆生之苦, 能破衆惱廣及無量衆生, 是時便得悲心三昧. 能破不悅令無量衆生皆得喜悅, 是時便得喜心三昧. 能破苦樂直觀十方無量衆生, 是時便得護心三昧. 二禪亦復如是, 三禪四禪除喜.

수행자는 먼저 초지(初地)에서부터 상지(上地)에까지 이르며, 다시 상지에서 자심(慈心)을 익혀 행한다. 먼저 스스로 즐거움을 얻어서 성냄의 독을 깨뜨리고, 다음에 시방의 무량한 중생에게 미치면, 이 때 문득 자심삼매를 얻는다.[24] 자비의 마음으로 중생의 괴로움을 가엾게 여기고, 능히 뭇 고뇌를 깨뜨리며 널리 무량한 중생들에게 미치면, 이 때 문득 비심삼매(悲心三昧)를 얻는다.[25]

능히 기쁘지 아니한 것을 깨뜨리고 무량한 중생들로 하여금 모두 희열을 얻게 하면, 이 때 문득 희심삼매(喜心三昧)를 얻는다.[26] 능히 괴로움과 즐거움을 타파하고, 곧바로 시방의 무량한 중생들을 관찰하면, 이 때 문득 호심삼매(護心三昧)를 얻는다.[27] 이선(二禪) 역

---

24) 1. 자무량심(慈無量心).
25) 2. 비무량심(悲無量心).
26) 3. 희무량심(喜無量心).

시 이와 같으며, 삼선(三禪)과 사선(四禪)에서는 기쁨〔喜〕을 없앤다.

(4) 오신통(五神通)[28]

次學五通, 身能飛行變化自在. 行者一心欲定·精進定·一心定·慧定, 一心觀身常作輕想欲成飛行. 若大若小〈以欲定過爲大, 以欲定減爲小〉此二俱患. 精進翹懃常能一心思惟輕觀. 如能浮人心力强故而不沈沒, 亦如猿猴從高上墮心力强故身無痛患, 此亦如是, 欲力·精進力·一心力·慧力, 令其廣大. 而身更小便能運身. 復次觀身空界常習此觀, 欲力·精進力·一心力·慧力極爲廣大便能擧身. 如大風力致重達遠, 此亦如是. 初當自試離地一尺二尺, 漸至一丈還來本處. 如鳥子學飛, 小兒學行, 思惟自審知心力大必能至遠. 學觀四大, 除却地大但觀三大. 心念不散便得自在身無罣礙. 如鳥飛行, 當復學習. 遠作近想, 是故近滅遠出. 復能變化諸物. 如觀木地種除卻餘種, 此木便變爲地. 所以者何 木有地種分故. 水·火·風·空·金·銀·寶物悉皆如是. 何以故, 木有諸種分故. 是初神通根本, 四禪有十四變化心. 初禪二果. 一者初禪, 二者欲界. 二禪三果. 一者二禪, 二者初禪, 三者欲界. 三禪四果, 一者三禪, 二者二禪, 三者初禪, 四者欲界. 四禪五果, 一者四禪, 二者三禪, 三者二禪, 四者初禪, 五者欲界. 餘通如摩訶衍論中說.

---

27) 4. 사무량심(捨無量心).

28) 다음 오신통(五神通)을 얻는 것을 설명하고, 제일신족통(第一神足通)을 성취한 것을 설명한다. 이것을 사신족(四神足)이라 말한다.

다음에 오신통(五神通)을 배운다. 몸이 능히 날아다닐 수 있고 변화가 자유자재하다. 수행자는 마음을 욕정(欲定) · 정진정(精進定) · 일심정(一心定) · 혜정(慧定)으로 하여 한결같이 한마음으로 몸을 관하고 항상 가볍게 생각하여 비행(飛行)을 이루고자 한다. 크든 작든 〔欲定이 지나치면 크게 되고, 욕정이 덜하면 작게 된다〕 이 두 가지는 모두 같은 근심이다.

정진하고 지극히 힘쓰고, 항상 한마음으로 사유하면 가볍게 관할 수 있다. 능히 뜰 수 있는 사람〔浮人〕은 마음의 힘이 강하기 때문에 침몰하지 않는 것과 같다. 또한 원숭이가 높은 곳에서 떨어져도 마음의 힘이 강하기 때문에 몸에 고통과 걱정이 없는 것과 같다. 이것 또한 마찬가지이다.

욕력(欲力) · 정진력(精進力) · 일심력(一心力), 혜력(慧力)으로 그것을 넓고 크게 한다. 몸이 더욱 작아져 문득 몸을 움직일 수 있다. 다시 또한 몸의 허공의 요소〔空界〕를 관하고 항상 이 관법을 익히면 욕력 · 정진력 · 일심력 · 혜력이 지극히 넓고 커져서 곧 몸을 들 수 있다. 큰 바람의 힘이 무거운 것을 다스려 먼 곳에 이르게 하는 것과 같으며, 이것 또한 이와 같다. 처음에는 마땅히 스스로 시험하여 땅의 한 자, 두 자 그리고 점차 일 장(丈)에 이르러 다시 본래의 장소로 돌아오게 한다. 마치 새 새끼가 나는 것을 배우고 어린아이가 걷는 것을 배우는 것과 같으며, 스스로 살피고 마음의 힘이 크다는 것을 사유하면 반드시 먼 곳에 도달할 수 있다는 것을 알게 된다.

근본 물질(四大)을 배우고 관찰하되, 지대(地大)를 제거하고 다만 삼대를 관한다. 심념(心念)이 흩어지지 않으면 곧 자재(自在)한 몸을 얻고, 걸림이 없다. 새가 날아가는 것과 같이 마땅히 다시 배우고 익힌다. 멀더라도 가깝다는 생각을 하면, 가까운 것이 먼 것을 없애버리게 된다. 또한 여러 사물을 변화시킬 수 있다. 마치 나무를 땅의 성분이라고 관하고 나머지 성분을 없애 버리면, 이 나무가 문득 변하여 땅이 되는 것과 같다. 왜냐하면, 나무는 땅의 성분을 지니고 있기 때문이다. 물 · 불 · 바람 · 허공 · 금 · 은 · 보물도 모두 이와 같다.

왜냐하면, 나무는 여러 가지 성분을 지니고 있기 때문이다. 이것은 처음 신통의 근본이며, 사선은 열네 가지 변화하는 마음을 지닌다. 초선에는 이과(二果)가 있다. 첫째는 초선이고 둘째는 욕계이다. 이선에는 삼과가 있다. 첫째는 이선, 둘째는 초선, 셋째는 욕계이다. 삼선에는 사과가 있으며, 첫째는 삼선, 둘째는 이선, 셋째는 초선, 넷째는 욕계이다. 사선에는 오과가 있는데, 첫째는 사선, 둘째는 삼선, 셋째는 이선, 넷째는 초선, 다섯째는 욕계이다.[29] 나머지 신통은 『마하연론(摩訶衍論)』[30]에서 설명한 것과 같다.

2. 위빠사나

(1) 사념처(四念處)

世尊弟子習學五法門, 志求涅槃有二種人. 或好定多, 以快樂[31]故. 或好智多, 畏苦患故. 定多者先學禪法後學涅槃, 智多者直趣涅槃. 直趣涅槃者未斷煩惱亦未得禪, 專心不散直求涅槃越愛等諸煩惱. 是名涅槃.

세존의 제자들은 다섯 가지 법문[32]을 배워 익히고, 뜻은 열반을 추구하는데, 두 종류의 사람이 있다. 혹은 삼매를 좋아하는 사람이 많은데 쾌락 때문이다. 혹은 통찰지를 좋아하는 사람이 많은데, 괴로움과 근심을 두려워하기 때문이다. 삼매를 좋아하는 사람은 먼저 선법(禪法)을 배우고 뒤에 열반을 배운다.

---

29) 신족통(神足通)을 얻을 때는 능히 경계를 변화하여 나타나는 것을 얻고, 그리고 이것에 14종(種)이 있음으로써 또 14변화심(變化心)이라 부르고 그 14종(種)은 본문에 있는 바와 같으며, 초선(初禪)에 2종, 이선(二禪)에 3종, 삼선(三禪)에 4종, 사선(四禪)에 5종의 비율로 되어 있다. 이 욕계(欲界)의 안에서 변화하는 마음이 색(色) · 향(香) · 미(味) · 촉(觸)의 사경(四境)을 변화하여 나타나는 초선(初禪) 이상은 색(色) · 촉(觸)의 2경으로 바꾸어 쓰여 진다 .

30) 마하연론(摩訶衍論): 『대지도론(大智度論)』 또는 『대지도론』의 문구를 가리킨다. 『조론신소(肇論新疏)』 권상(대정장45, p. 172b4)에 "마하연론이란 『대지도론』으로 반야부의 논의를 통틀어 가리킨다는 뜻이다. 또한 단지 『대지도론』 중의 문구 하나를 가리키기도 한다(言摩訶衍論者 大智度論也 通指一部論意 亦可但指論中一文)."라 하였다.

31) 대정본에는 快樂이나 원, 명, 궁본에는 著落으로 되어 있다.

32) 오법문(五法門)은 상권에서 설한 바 오문(五門)을 말한다.

통찰지를 좋아하는 사람은 곧바로 열반으로 나아간다. 곧바로 열반으로 나아가는 사람은 아직 번뇌를 끊지 못하였고 또한 아직 선을 얻지 못하였어도 온 마음을 다 기울여 흩어지지 않고 곧바로 열반을 구하여 애착 등 여러 번뇌를 초월한다. 그래서 열반이라고 말한다.[33]

(가) 몸에 대한 마음챙김〔身念處〕

身實無常 · 苦 · 不淨 · 無我, 以身顚倒故常 · 樂 · 我 · 淨. 以是故事事愛著其身. 是則底下衆生. 行者欲破顚倒故當習四念止觀. 觀身種種多諸苦患. 從因緣生故無常. 種種惱故苦. 身有三十六物故, 不淨. 以不得自在故無我. 習如是觀, 觀內身觀外身觀內外身. 習如是觀, 是謂身念止.

몸은 진실로 무상(無常) · 고(苦) · 부정(不淨) · 무아(無我)이다. 전도된 까닭에 몸을 상(常) · 낙(樂) · 아(我) · 정(淨)이라 한다. 이것 때문에 일마다 그 몸에 애착한다. 이것이 바로 밑바닥 최하의 중생이다.

수행자는 전도된 것을 타파하고자 하므로 마땅히 사념지관을 익힌다. 몸에는 여러 가지 괴로움과 근심이 많다는 것을 관한다. 인연 따라 생기기 때문에 무상이다. 가지가지 번뇌 때문에 괴롭다.

33) 다음에 선정(禪定)을 닦고 열반(涅槃)을 구함에, 삼매〔定〕를 주로 한 것과, 통찰지〔智〕를 주로 한 것을 나타낸다.

몸은 서른여섯 가지 물질을 지니고 있기 때문에 더러우며, 자재(自在)를 얻지 못하기 때문에 무아이다. 이와 같은 관법을 익혀서 몸안〔內身〕을 관하고 몸밖〔外身〕을 관하며, 나아가 안팎으로 몸을 관한다. 이와 같은 관법을 익히면, 이것을 신념지(身念止)라고 말한다.

(나) 느낌에 대한 마음챙김〔受念處〕

身實相如是. 何故於此而起顚倒愛著此身. 諦思惟念身邊樂痛[34), 以愛樂痛故著此身. 當觀, 樂痛實不可得. 云何不得, 因衣食故致樂, 樂過則苦生. 非實樂故, 如患瘡苦, 以藥塗治痛止爲樂. 以大苦故謂小苦爲樂, 非實樂也. 復次以古苦爲苦新苦爲樂. 如擔重易肩 而以新重爲樂, 非實常樂也. 如火性熱無暫冷時, 若是實樂不應有不樂. 或曰, 外事是樂因緣不必是樂. 或時樂因或時苦因. 若使心法與愛相應, 爾時是樂. 與恚相應爾時是苦. 與癡相應不苦不樂. 以此推之, 可知有樂無樂. 答曰, 無也. 婬欲不應是樂. 何以故, 若婬欲在內不應外求女色. 外求女色當知婬苦. 若婬是樂不應時時棄. 若棄不應是樂. 於大苦中以小苦爲樂也. 如人應死, 全命受鞭, 以是爲樂. 欲心熾盛以欲爲樂, 老時厭欲知欲非樂. 若實樂相不應生厭. 如是種種因緣欲樂相實不可得, 樂失則苦. 佛言樂痛應觀苦, 苦痛[35]應觀樂, 如箭在體, 不苦不樂應觀生滅無常. 是謂痛念止.

---

34) 낙통(樂痛)은 낙수(樂受)의 옛 번역이다.
35) 고통(苦痛)은 고수(苦受)의 옛 번역이다.

몸의 실상이 이와 같다. 무슨 까닭에 여기에서 뒤집힌 견해를 일으켜 이 몸에 애착하는가? 신변의 즐거움과 고통을 깊이 생각하고 깊이 사유하라. 즐거움과 고통을 갈애하기 때문에 이 몸에 집착한다. 마땅히 즐거움과 고통은 진실로 얻을 수 없는 것임을 관해야 한다. 어째서 얻을 수 없는 것인가? 옷과 음식 때문에 즐거움에 이르나, 즐거움이 지나치면 괴로움이 생긴다. 진실한 즐거움이 아니기 때문이며, 마치 종기의 고통으로 인한 근심은 약을 발라 치료하여 통증이 멈추면 즐거워지는 것과 같다. 큰 괴로움 때문에 작은 괴로움을 즐거움이라고 말하는 것은 진실한 즐거움이 아니다.

또한 옛날의 괴로움으로 고통을 삼고 새로운 괴로움으로 즐거움을 삼는다. 마치 무거운 것을 메고 있다가 어깨를 바꾸면 새로운 무거움으로 즐거움을 삼는 것과 같이 진실로 항상 즐겁지는 않을 것이다. 예컨대 불의 성질은 뜨거워서 잠시도 차가운 때가 없는 것과 같다. 만일 이것이 참다운 즐거움이라면 마땅히 즐겁지 않은 것은 있을 수가 없다.

어떤 사람이 말하기를, 바깥의 일은 즐거움의 인연이 된다 해도 반드시 즐거움인 것은 아니다. 어느 때는 즐거움의 원인이고 어느 때는 괴로움의 원인이다. 만일 심법(心法)이 갈애를 상응하면, 그 때는 즐거움이다. 성냄과 상응하면, 그 때는 괴로움이다. 어리석음과 상응하면, 괴롭지도 즐겁지도 않다. 이것으로 미루어 보건대, 즐거움이 있을 수도 있고 없을 수도 있다는 것을 알 수 있다.

대답하기를 '없다' 라고 말하였다. 음욕은 마땅히 즐거움이 아니다. 왜냐하면, 만일 음욕이 안에 있다면 바깥에서 여색(女色)을 찾는 것은 마땅치가 않다. 바깥에서 여색을 구한다는 것은 마땅히 음욕이 괴로움인 것을 알아야 한다. 만일 음욕이 즐거움이라면 마땅히 때때로 버려서는 안 된다. 만일 버린다면 마땅히 이것은 즐거움이 아니다. 큰 괴로움 속에서는 작은 괴로움으로써 즐거움을 삼는다. 마치 사람이 죽어 마땅한데 오로지 생명을 보전하기 위해 채찍질을 당하더라도, 이것으로 즐거움을 삼는 것과 같다. 열의가 불타오르면 열의로써 즐거움을 삼는다. 노년에는 열의를 싫어하고 열의가 즐거움이 아니라는 것을 안다. 만일 진실로 즐거운 모습이라면 마땅히 싫어하는 마음이 생겨서는 안 된다.

이와 같이 가지가지 인연으로 즐거워하는 모습이지만 진실로 얻을 수 없으며, 즐거움이 사라지면 바로 괴로움이다. 부처님께서 말씀하시기를 "즐거운 느낌은 마땅히 괴로움이라고 관해야 하고, 괴로운 느낌은 마땅히 즐거움이라고 관해야 하니, 마치 화살이 몸 앞에 있는 것과 같으며, 괴롭지도 즐겁지도 않고 마땅히 생기고 없어지는 것이 무상하다고 관해야만 한다."고 하셨다. 이것을 통념지(通念止)라 말한다.

(다) 마음에 대한 마음챙김〔心念處〕

當知, 心受苦樂, 受不苦不樂. 云何心. 是心無常, 從因緣生故. 生滅不住,相似生故. 但顚倒故謂是爲一. 本無今有, 已有還無, 是故無常. 觀知心空云何爲空. 從因緣生. 有眼有色可見, 憶念欲見, 如是等和合眼識生. 如日愛珠, 有日有珠, 有乾草牛屎, 衆緣和合於是火生. 一一推求火不可得, 緣合有火. 眼識亦爾. 不住眼中亦非色中住. 不兩中間住. 無有住處亦復不無. 是故佛言, 如幻如化. 現在心觀過去心, 或苦或樂或不苦不樂. 心各各異各各滅. 有欲心無欲心亦如是. 各各異各各滅. 觀內心觀外心觀內外心亦如是. 是名心念止.

마음은 괴롭거나 즐거울지라도, 괴롭지도 즐겁지도 않다는 것을 마땅히 알아야 한다. 무엇이 마음인가? 이 마음은 변하는 것이니, 인연 따라 생긴 것이기 때문이다. 일어나고 사라짐이 머물지 않지만, 서로 비슷하게 일어나기[相似生] 때문이다. 다만 전도되었기 때문에, 이것을 하나라고 일컫는다. 본래 현재의 존재[今有]도 없고, 과거의 존재[已有]로 돌아갈 것도 없으며, 이런 까닭에 무상이다.

마음이 공(空)하다는 것을 관찰해서 알았는데, 무엇을 공(空)이라 하는가? 인연 따라 생기는 것이다. 눈이 있어서 물질을 볼 수 있고, 기억해서 보고자 하니, 이와 같은 것들이 화합하여 안식(眼識)이 생긴다. 해와 구슬이 있어, 해가 구슬을 갈애하는 것과 같고, 마른 풀과 쇠똥이 있어, 뭇 인연이 화합하여 여기서 불이 생기는 것과 같다. 하나하나를 미루어 찾으면 불은 얻을 수 없다. 조건이 합하여 불이 있는 것이다. 안식도 역시 그렇다. 눈 속에도 머물지 않고 또한 물질 속에도 머물지 않는다. 둘의 중간에도 머물지 않는다. 머무는 곳이 있을 수 없으며 또한 없는 것도 아니다.

그러므로 부처님께서 말씀하시기를 "허깨비와 같고 요술과 같으니, 현재의 마음으로 과거의 마음을 관하면 혹은 괴로움이고, 혹은 즐거움이며, 혹은 괴롭지도 즐겁지도 않다. 마음은 각각 다르고 각각 사라진다. 욕심이 있든 욕심이 없든 역시 이와 같이 각각 다르고 각각 사라진다. 안의 마음을 관하든 바깥의 마음을 관하든 아니면 안팎의 마음을 관하든 역시 이와 같다."고 하셨으니, 이것을 심념지(心念止)라고 이름한다.

㈑ 법에 대한 마음챙김〔法念處〕

復次觀心爲屬誰. 觀想 · 思惟 · 念 · 欲等, 諸心相應法不相應法, 諦觀其主, 主不可得. 何以故, 從因緣生故無常, 無常故苦, 苦故不自在, 不自在故無主, 無主故空. 前別觀身痛心法不可得, 今更總觀四念止中主不可得, 離此處求亦不可得. 若常不可得無常亦不可得. 若常應當常苦常樂, 亦不應忘. 若常有神者無殺惱罪亦無涅槃. 若身是神, 無常身滅 神亦應滅亦無後世, 亦無罪福. 如是遍觀無主, 諸法皆空不自在. 因緣合故生, 因緣壞故滅. 如是緣合法. 是名法念止.

또한 마음은 어느 것에 속한다고 관하는가? 인식〔想〕 · 사유(思惟) · 마음챙김〔念〕 · 열의〔欲〕 등의 여러 가지 마음의 상응법(相應法)

과 불상응법(不相應法)을 관하고, 그 주체를 잘 관하되, 주체를 얻을 수 없다. 왜냐하면, 인연 따라 생기기 때문에 무상이며, 무상이기 때문에 괴로움이고, 괴로움이기 때문에 자재(自在)하지 못하며, 자재하지 못하기 때문에 주체가 없고, 주체가 없기 때문에 공이다. 앞에서는 몸과 느낌과 마음의 법이 얻을 수 없는 것임을 특별히 관하였다.

이제 다시 사념지(四念止) 중에서 주체는 얻을 수 없는 것임을 총체적으로 관하며, 이곳을 떠나서 찾아도 역시 얻을 수 없다. 만일 항상함[常]이 얻을 수 없는 것이라면 무상도 역시 얻을 수 없다. 만일 항상하는 것이라면 마땅히 항상 괴롭고 항상 즐거우며, 또한 마땅히 잊어서는 안 된다. 만일 항상 정신이 존재하는 것이라면 살뇌죄(殺惱罪)도 없고 또한 열반도 없다. 만일 육신이 바로 정신이라면 무상한 몸이 없어지면 정신도 역시 없어져야 하며, 또한 후세도 없고 죄와 복도 없다. 이와 같이 두루 주체가 없음을 관해야 하며, 일체의 법은 모두가 공이며 자재하지 않다. 인연이 화합하기 때문에 생기고 인연이 허물어지기 때문에 없어진다. 이처럼 인연이 화합하여 법(法)이 된다. 이것을 법념지(法念止)라고 한다.

若行者, 得法念止, 厭世間空 · 老 · 病 · 死法, 都無少許常樂我淨. 我於此空法復何所求. 應當入涅槃最善法中住. 建精進力得深舍摩陀故 〈深舍摩陀者 住心一處名也 此土無是名〉, 是時得深舍摩陀住第四法念止中. 觀諸法相皆苦無樂, 無樂是實餘者妄語. 苦因愛等諸煩惱及業. 是非天非時非塵等種種妄語中生. 是煩惱及業出生此苦. 是苦入涅槃時一切滅盡. 非色無色界及世界始〈外道謂一切有法之初 名爲世界始 外道 謂涅槃也 以此有始 能化作萬物 卽名造化也〉 等種種妄語, 能滅此苦. 正見等八直[36]是涅槃道. 非餘外道苦行種種空持戒 · 空禪定 · 空智慧[37]. 何以故, 佛法中戒定慧三法合行能入涅槃. 譬如人立平地, 持好弓箭能射殺怨賊, 三法合行亦如是. 戒爲平地, 禪定爲快弓, 智慧爲利箭, 三事備足能殺煩惱賊. 以是故外道輩不得涅槃.

만일 수행자가 법념지(法念止)를 얻는다면, 세간의 공하고, 늙고, 병들고, 죽음의 법을 싫어하며, 모든 것은 조금도 상락아정(常樂我淨)을 허락하지 않는다는 것이다. 그렇다면 나는 이 공한 법에서 다시 무엇을 찾을 것인가? 마땅히 열반의 최선법(最善法) 가운데 들어가서 머물러야 한다. 정진의 힘을 세워서 깊은 사마타(舍摩陀)[38]를 얻으며(사마타라는 것은 마음이 한곳에 깊이 머무는 것을 말한다. 이 땅에서는 적절히 표현할 이름이 없다.), 이 때 깊은 사마타를 얻어서 제사(第四)의 법념지 속에 머문다.

일체 모든 존재[諸法]의 모습을 관하건대 모든 것이 괴롭고, 즐거

---

36) 팔정도(八正道)를 말한다. 대정본에는 八直이고 원, 명, 궁본에는 八直道로 쓰여 있다.

37) 대정본에는 非餘外道苦行種種空持戒空禪定空智慧이고 원, 명, 궁본에는 非餘斷食等種種苦行亦非種種空持戒空禪定空智慧이다.

38) 사마타(舍摩陀 śamatha)는 마음의 고요함에 머무르는 것으로 지관(止觀)에 대한 지(止)로 옮기고 옛 번역에 적(寂)으로 쓰고 삼매(三昧)의 동의어이다.

움이 없으며, 즐거움 없는 것이 진실이며, 나머지는 거짓말이다. 괴로움은 애착 등의 여러 가지 번뇌와 업에서 연유한다. 이것은 하늘이 내린 것도 아니며 시간도 아니고 티끌 등의 가지가지 허망한 말 속에서 생기지는 않는다. 이 번뇌와 업(業)이 이 괴로움을 발생시킨다. 이 괴로움은 열반에 들어갔을 때 일체가 남김없이 소멸한다. 색계 · 무색계와 세계시(世界始)〔외도는 일체 유위법의 처음을 세계시라 하며, 열반이라 말한다. 이 처음이 있다는 것이 만물을 교화하므로 곧 조화(造化)라고 말한다.〕 등의 여러 가지 허망한 말로는 능히 이러한 괴로움을 소멸할 수 없다.

정견(正見) 등의 팔정도가 열반의 길이다. 나머지 외도의 고행이나 가지가지 공지계(空持戒) · 공선정(空禪定) · 공지혜(空智慧)는 열반의 길이 아니다. 왜냐하면 불법(佛法) 가운데에 계(戒) · 정(定) · 혜(慧) 세 가지 법이 종합적으로 행해져야 열반에 들어갈 수 있기 때문이다.

예컨대 사람이 평지에 서서 좋은 활과 화살을 가져야 원수인 적을 사살할 수 있는 것과 같다. 세 가지 법이 종합되어 행해지는 것도 역시 이와 같다. 계율을 평지로 삼고, 선정을 훌륭한 활〔快弓〕로 삼으며, 지혜를 예리한 화살로 삼아야 하며, 세 가지 일이 구비되어야 능히 번뇌의 적을 죽일 수 있다. 그러므로 외도의 무리는 열반을 얻을 수 없다.

(2) 4제(四諦) 16행상(行相)[39]

行者是時作四法緣, 觀緣如射博. 觀苦四種. 因緣生故無常, 身心惱故苦, 無一可得故空, 無作無受故無我. 觀習四種. 煩惱有漏業和合故集, 相似果生故因, 是中得一切行故生, 非相似果相續故緣. 觀盡四種. 一切煩惱覆故閉, 除煩惱火故滅, 一切法中第一故妙, 世間過去故出. 觀道四種. 能到涅槃故道, 不顚倒故正, 一切聖人去處故跡, 得脫世愁惱故離.

수행자는 이 때 네 가지 법연(法緣)을 만들어야 한다. 조건〔緣〕을 관하는 것이 화살놀이와 같다. 괴로움을 관하는 데 네 가지가 있다. 인연으로 생기기 때문에 무상이고, 몸과 마음을 괴롭히기 때문에 고이며, 얻을 것이 하나도 없으므로 공이며, 짓지도 않고 받지도 않으므로 무아인 것이다.[40]

습(習)을 관하는 데 네 가지가 있다. 번뇌와 유루업(有漏業)이 화합하기 때문에 집(集)이며, 상사(相似)의 결과가 생기기 때문에 인이며, 이 가운데서 일체의 행(行)을 얻기 때문에 생(生)이고, 상사가 아닌 결과가 서로 이어지기 때문에 연(緣)인 것이다.[41]

진(盡)을 관하는 데 네 가지가 있다. 일체의 번뇌를 덮고 있기 때

39) 다음은 4제(四諦) 16행상(十六行相)을 나타내고, 4제(諦)를 각각 4종(種)을 관(觀)하는 까닭에 네 가지 법연(法緣)을 말하고 합하여 16종(種)이 된다.

40) 고제(苦諦)의 4종관법(四種觀法)은 무상(無常) · 고(苦) · 공(空) · 무아(無我)이다.

41) 습제〔習(集)諦〕는 집(集) · 인(因) · 생(生) · 연(緣)이다.

문에 폐(閉)이며, 번뇌의 불길을 제거하기 때문에 멸(滅)이고, 일체의 법 가운데서 제일이기 때문에 묘(妙)이며, 세간을 지나가기 때문에 출(出)인 것이다.[42)]

도(道)[43)]를 관하는 데 네 가지가 있다. 능히 열반에 도달하기 때문에 도이며, 전도되지 않았기 때문에 정(正)이고, 일체의 성인이 간 곳이기 때문에 적(跡)이며, 세간의 근심과 고뇌에서 벗어날 수 있기 때문에 이(離)이다.[44)]

(3) 사선근(四善根)[45)]

(가) 따뜻한 법〔煖法〕

如是觀者得無漏相似法, 名爲煖法. 云何名煖. 常懃精進故名煖法. 諸煩惱薪無漏智火燒, 火欲出初相名爲煖法. 譬如鑽火初鑽煙出. 是名煖, 是爲涅槃道初相. 佛弟子中有二種人. 一者多好一心求禪定. 是人有漏道. 二者多除愛著好實智慧. 是人直趣涅槃. 入煖法中有煖相者, 深得一心, 實法鏡到無漏界邊 〈鏡中像似面 界邊非中 故以爲喩〉. 行者是時大得安隱, 自念我定當得涅槃, 見此道故. 如人穿井得至濕泥, 知當得水不久, 如人擊賊賊已退

---

42) 진제〔盡(滅)諦〕는 폐(閉) · 멸(滅) · 묘(妙) · 출(出)〔新譯에는 滅 · 靜 · 妙 · 離이다〕.

43) 도제(道諦)는 도(道) · 정(正) · 적(跡) · 이(離)(신역에는 道 · 如 · 行 · 出이다).

44) 이상 고집멸도(苦集滅道) 각각을 다시 넷으로 관찰하는 것을 구사론의 16행상과 같은 방법이다.(『아비달마불교』, pp. 250~252 참조)

45) 다음은 사선근(四禪根)을 설(說)하고, 4제(諦) 16행상(行相)을 관(觀)하는 수행의 위치로 무루선(無漏善)의 위치로 나아가는 근본 기초가 되기 때문에 선근(善根)이라고 말한다.

散, 自知得勝, 意中安隱, 如人怖死人, 欲知活不, 當先試之以杖打身. 若隱診脈起者知是有煖, 必可得活. 亦如聽法人思惟喜悅心著, 是時心熱. 行者如是有煖法故 名爲有煖. 亦名能得涅槃分善根. 是善根法 有十六行四諦緣. 六地中一智慧一切無漏法基. 野人能行安隱〈於無漏疎故名爲野人 案梵本爾先言凡夫人非〉. 是名有煖法.

이와 같이 관하면 무루(無漏)의 상사법(相似法)을 얻으며, 따뜻한 법〔煖法〕이라 이른다.[46] 무엇을 따뜻한 것이라 하는가? 항상 부지런히 정진하기 때문에 따뜻한 법〔煖法〕이라 이른다. 여러 가지 번뇌의 장작을 무루지(無漏智)의 불로써 태우니, 불이 나오려고 하는 처음의 모습을 따뜻한 법이라 이른다.

예컨대 불을 피우는데 처음 피울 때 연기가 나는 것과 같다. 이것을 따뜻하다고 이르나니, 이것이 열반도(涅槃道)의 첫 표상이다. 부처님의 제자들 가운데는 두 종류의 사람이 있다. 첫째는, 대부분 한마음으로 선정을 구하기를 좋아한다. 이 사람은 유루도이다. 두 번째는, 대부분 애착을 없애고 참다운 지혜를 좋아한다. 이 사람은 곧바로 열반으로 향한다. 따뜻한 법 가운데에 들어가서 따뜻한 모습을 지닌 사람은 한마음을 깊이 얻는다. 참다운 법의 거울은 무루계(無漏界)의 근처에 도달한다(거울 가운데의 모습은 표면의 경계와 비슷하

46) 난법(煖法)은 무루(無漏)를 견도(見道)하는 지혜의 불을 일으키기 전에 먼저 난(暖)을 깨닫는 의미로 이름을 지었다.

나 근처는 가운데가 아니므로 이렇게 비유했다).

수행자는 이 때 크게 안온함을 얻어서 스스로 '나의 선정으로 마땅히 열반을 얻었으니 이 도(道)를 볼 것이다'라고 생각한다. 마치 사람이 우물을 파다가 축축한 진흙에 도달하면 틀림없이 오래지 않아 물을 얻게 되리라는 것을 아는 것과 같다. 사람이 적을 격파하여 적이 이미 물러나 흩어지면 스스로 승리했음을 알고 마음이 안온해지는 것과 같다. 어떤 사람이 죽은 사람인가 두려워하여 살았는가 죽었는가를 알기 위해 마땅히 먼저 그것을 시험하고자 지팡이로 몸을 두드리되 만일 은은하게 맥이 뛰면, 이 사람은 따뜻하므로 반드시 살 수 있다고 아는 것과 같다. 또한 법을 듣는 사람이 사유하되, 기뻐서 마음으로 집착하면 이 때 마음이 뜨거워지는 것과 같다.

수행자는 이와 같이 따뜻한 법을 지니기 때문에 이름하여 따뜻함이 있다고 한다. 또한 열반분(涅槃分)의 선근(善根)을 얻을 수 있다고 말한다. 이 선근법(善根法)은 열여섯 가지가 있어서 사제(四諦)의 인연을 행한다. 육지(六地)[47] 가운데 하나인 지혜는 일체 무루법의 토대이다. 야인(野人)[48]이 능히 안온함을 행하는데(무루를 실천하므

---

47) 육지(六地)라는 것은 4선(禪)의 근본정(根本定)과 미지정(未知定)과 중간정(中間定)으로 6(六)이 된다.

48) 야인(野人)은 유학(有學, sekkha)과 동의어이다. 예류자, 일래자, 불환자를 유학이라 한다. 아라한이 되어야 모든 번뇌가 다하며 더 이상 닦을 것이 없다. 그래서 아라한을 무학(無學)이라 한다.

로 야인이라고 한다. 범본에 살펴보면 범부가 아닌 것을 말한다), 이것을 따뜻한 법〔煖法〕이 있다고 말한다.

(나) 꼭대기의 법〔頂法〕

增進轉上更名頂法. 如乳變爲酪. 是人觀法實相, 我當得苦脫. 心愛是法, 是爲眞法, 能除種種苦患及老病死. 是時思惟, 此法誰說. 是佛世尊, 從是得佛寶中信心淸淨大歡喜悅. 若無此法一切煩惱誰當能遮. 我當云何得實智慧少許明. 從是得法寶中信心淸淨大歡喜悅. 若我不得佛弟子輩好伴, 云何當得實智慧少許明. 從是得僧寶中信心淸淨大歡喜悅. 是三寶中得一心淸淨合實智慧. 是頂善根. 亦名頂法. 亦名能得涅槃分善根. 如波羅延經中說.

佛寶法僧寶, 誰有少信淨, 是名頂善根.

汝曹一心持.

云何爲少信. 於佛, 菩薩, 辟支佛, 阿羅漢邊爲少, 於野人邊爲多. 復次此可破可失, 是故名少. 如法句說.

芭蕉生實死, 竹生實亦然.

騾有子則死, 小人得養死.

破失非利故.

小人得名譽, 白淨分失盡, 乃至頂法墮.

復次未斷諸結使, 未得無漏無量慧心. 以是故名少.

증진하여 더욱 올라가면 다시 꼭대기의 법〔頂法〕[49]이라고 한다.

마치 우유가 변하여 응유(酪)가 되는 것과 같다. 이 사람은 법의 실상을 관하여 내 마땅히 괴로움을 벗어나 해탈을 얻는다고 한다. 마음으로 이 법을 좋아하니, 이것은 참다운 법(眞法)이며, 능히 여러 가지 괴로움과 근심 그리고 늙고 병들고 죽는 것을 없앨 수 있다. 이 때 생각한다.

'이 법은 누가 설했는가? 부처님 세존이 다 불보(佛寶) 속에서 신심이 청정해져 커다란 환희심을 얻는다. 만일 이 법이 없다면 일체의 번뇌는 누가 능히 끊어버릴 수 있겠는가? 내가 어떻게 참다운 지혜의 약간의 밝음이나마 얻을 것인가? 법보(法寶) 속에서 신심이 청정해져 커다란 환희심을 얻는다. 만일 내가 불제자의 무리와 좋은 짝이 될 수 없다면 어떻게 마땅히 참다운 지혜의 약간의 밝음이나마 얻을 것인가? 승보(僧寶) 속에서 신심이 청정해져 크게 환희심을 얻는다. 이 세 가지 보배 속에서 한마음의 청정함을 얻어서 참다운 지혜에 계합(契合)한다. 이것이 정상(頂上)의 선근이며, 또한 정법(頂法)이라고 한다. 또한 열반분의 선근을 얻을 수 있다고 한다.'

『파라연경(波羅延經)』에서 설한 것과 같다.

불보 · 법보 · 승보에 대하여,

누구든지 약간의 믿음과 청정함을 지닌다면,

---

49) 정법(頂法)은 난위(煖位)의 수행이나 하나의 정점에 도달하는 것을 의미한다.

이를 정상의 선근(善根)이라 이른다.
너희들은 한결같은 마음으로 지니도록 하라.

어째서 약간의 믿음〔少信〕이라 하는가? 부처님 · 보살 · 벽지불(辟支佛)[50] · 아라한의 주위에는 적은데, 야인의 주위에는 많기 때문이다. 또한 이것은 깨뜨릴 수 있고, 잃을 수 있다. 그러므로 적다고 이름한다. 『법구경』에서 설한 것과 같다.

파초는 열매를 생산하면 죽고,
대나무도 열매를 생산하면 죽는다.
노새는 새끼가 있으면 죽고,
소인은 봉양을 받으면 죽는다.

잘못을 깨뜨려도 이롭지 않은 까닭에,
소인이 명예를 얻으면,
청정의 원인〔白淨分〕을 모두 잃어버리고,
내지 정법(頂法)에서 떨어진다.

또한 아직 모든 번뇌〔結使〕를 끊지 못했으며, 아직 무루의 무량한

50) 벽지불(辟支佛)은 독각(獨覺) · 연각(緣覺)이라고 한다. 혼자 수행하는 사람. 무상(無常)을 관(觀)하다.

혜심(慧心)을 얻지 못한 것이다. 그렇기 때문에 적다고 말한다.

(다) 인가의 법〔忍法〕

復次懃精進一心入涅槃道中, 更了了觀五陰四諦十六行. 是時心不縮不悔不退, 愛樂入忍, 是名忍善根. 忍何等, 隨四諦觀行, 是名爲忍. 是善根三種, 上中下三時. 云何名忍. 觀五陰無常·苦·空·無我心忍不退是名忍. 復次觀諸世間盡苦空無有樂, 是苦因習愛等諸煩惱. 是習智緣盡. 是名上法更無有上, 八直道能令行人得至涅槃, 更無有上. 如是信心不悔不疑忍, 是名忍. 是中更有忍, 種種結使種種煩惱疑悔, 來入心中不能令破. 譬如石山種種風水不能漂動, 是故名忍. 是事得名眞好野人. 如佛說法句中.

世界正見上, 誰有得多者, 乃至千萬歲, 終不墮惡道.

是世間正見, 是名爲忍善根.

또한 부지런히 정진해서 한마음으로 열반의 길〔涅槃道〕로 들어가 더욱 오음(五陰)·4제(四諦)·16행(十六行)을 분명하게 관한다. 이 때 마음이 위축되지도 않고, 후회하지도 않으며, 물러서지도 않는다. 사랑하고 즐거워하여 인(忍)에 들어가는데, 이것을 인선근(忍善根)이라고 한다.[51]

인(忍)은 무엇인가? 사제를 따라 행하면 이것을 인이라고 한다.

---

51) 인(忍)은 4제(諦)의 이치를 확인하는 것을 말한다. 확인은 깨달음을 증득하는 것을 전제한다.

이 선근에 세 가지가 있는데 상 · 중 · 하의 삼시(三時)이다. 어째서 인이라고 이름했는가? 오음의 무상 · 고(苦) · 공 · 무아를 관하고, 마음으로 참고 물러나지 않기 때문에 이것을 인이라고 말한다. 또한 일체의 세간은 모두 괴롭고, 허망하고, 즐거움이 없음을 관하고, 이 괴로움의 원인은 습(習)과 갈애 등 여러 가지 번뇌임을 관한다. 이 습(習)은 지혜의 조건을 소멸시킨다. 이것을 상법(上法)이라고 하나니, 곧 위없는 법이다. 팔정도가 능히 수행자로 하여금 열반에 이르게 하는데, 곧 그 이상은 있을 수 없다. 이와 같은 신심(信心)으로 인욕(忍辱)하는 것을 후회하지도 의심하지도 않으며, 이것을 인(忍)이라고 한다.

이 가운데 더욱 인(忍)하는 것에 있어서 가지가지 결사(結使)와 가지가지 번뇌와 의심과 후회가 마음속에 들어오더라도 능히 파괴할 수 없게 한다. 예컨대, 돌산(石山)은 가지가지 바람과 물에도 뜨거나 움직이지 않는 것과 같다. 그러므로 인이라고 한다. 이 일로써 진실하고 훌륭한 야인이라는 이름을 얻는다. 부처님께서 『법구경』에서 설한 것과 같다.

세계의 바른 견해(正見) 위에서,
누군가 많은 것을 얻는 자가 있다면,
또한 천만 년이 지나더라도,
마침내 악도(惡道)에 떨어지지 않는다.

이 세간의 정견을 이름하여 인선근(忍善根)이라 한다.

㈑ 세간에서 가장 뛰어난 법〔世第一法〕

是人多增進一心極厭世界行, 欲了了四諦相作證趣涅槃. 如是一心中是名世間第一法.

이 사람은 많이 증진하여 한마음으로 세계행(世界行)을 매우 싫어하고, 사제의 표상을 분명하게 하여 깨달음을 이루어 열반으로 나아가고자 한다. 이와 같이 한마음인 것을 세간제일법(世間第一法)이라고 말한다.[52]

(4) 무루16심(無漏十六心)[53]

一時住四行無常 · 苦 · 空 · 無我觀一諦. 苦法忍共緣[54]故. 何以故, 觀欲界五受陰 無常 · 苦 · 空 · 無我. 是中心忍入慧, 亦是相應心心數法, 是名苦法忍.[55] 身業口業及心不相應 諸行, 現在未來世一切無漏法初門, 是名苦法忍〈法無漏法 忍信受也〉, 次第生苦法智. 苦法忍斷結使苦法智作證. 譬如一人刈一人束. 亦如利刀斫竹得風卽偃. 忍智功夫故. 是事得辦欲界繫見苦斷十結得. 得爾時異等智, 得無漏智, 未得無漏慧得. 是時成就一智〈等智未來成就〉.

---

52) 세간제일법(世間第一法)은 세간(世間) 즉, 유루법 중에 최상의 위치를 의미한다.

일시에 사행(四行) 즉 무상(無常) · 고(苦) · 공(空) · 무아(無我)에 머물며 하나의 진리를 관한다. 고법인(苦法忍)은 고제(苦諦)를 조건으로 삼는다. 왜냐하면 욕계의 오수음(五受陰) · 무상 · 고 · 공 · 무아를 관하기 때문이다. 이 가운데서 심인(心忍)으로 지혜에 들어간다. 또한 이것은 마음〔心〕과 마음부수법〔心數法〕에 서로 관련되었으며,

---

53) 다음은 유루도(無漏道)의 16심(心)을 설하고, 앞의 사선근(四善根)의 위치에서 4제(諦) 16행상(行相)의 관법(觀法)을 이루어도, 이것은 아직 유루도(有漏道)의 범위에 속한다. 지금은 정확히 무루도에 속하여 4제(諦) 16행상(行相)의 관법을 이루고, 진실로 성자(聖者)의 영역에 들어간다. 16심(心)〔16행상(行相)과 16심(心)은 같지 않음〕의 작용을 크게 구분하면 인(忍)과 지(智) 두 종류인데, 인(忍)은 신인(信認) 또는 확인의 작용이며, 지(智)는 정확히 깨달음을 증득하는 작용이다. 그리고 인(忍)은 지(智) 앞에서 행하는 것으로 동일 대상에 대하여 인(忍)이 먼저 일어나고 다음으로 지(智)를 만든다. 이 때 대상이 되는 것은 苦 · 習(集) · 盡(滅) · 道의 4제(諦)이며, 인(忍)과 지(智)도 이것에 대응하여 고인(苦忍), 고지(苦智) 등 4종(種)의 인(忍)과 4종(種)의 지(智)로 번역된다. 그런데 4제(諦)는 욕계와 위의 2계(界)〔색(色) · 무색(無色)〕와는 성질을 달리 하는 까닭에 인지(忍智)도 역시 이것에 응하여 8종(種)의 인(忍)과 8종(種)의 지(智)를 요한다. 이 8인(忍)과 8지(智)가 곧 무루(無漏)의 16심(心)이다. 그리고 이 순서는 먼저 욕계의 고인(苦忍)을 일으키고, 다음으로 같은 고지(苦智)를 만들고 제삼(第三)에는 위로 2계(界)의 고인(苦忍)을 일으키고, 제사(第四)에는 같은 고지(苦智)를 만들어 이하 이것에 준하여 집(集) · 멸(滅) · 도제(道諦)의 순서로 욕계(欲界)와 위로 2계(界)를 차례로 깨달아 간다.

'일시에 사행(行)…하나의 제(諦)를 관(觀)한다'라는 것은 아래 16심(心)의 제일심(第一心), 즉 고법인(苦法忍)을 설명하는 것으로 욕계의 고제(苦諦)에 대응하여 한 찰나에 무상(無常) · 고(苦) · 무아(無我)의 4행상(行相)을 일으켜, 욕계에 고제(苦諦)의 진리를 신인(信認)하는 의미이다. 16심(心) 가운데 앞의 15심(心)은 모두 한 찰나에 따르는 움직임이다.

54) 대정본에는 共緣이라는 것도 지금은 원, 명, 궁본에 따라 苦緣이다.

55) '是中心忍入慧…是名苦法忍'이라는 것은 고법인(苦法忍)이 나타나 움직이는 때의 주체하는 마음의 작용은 지혜의 마음부수이지만, 동시에 여러 가지로 상응하는 마음의 마음부수도 움직이고 다시 신구이업(身口二業)의 마음에 상응하지 않는 법(法)에 속하는 것도 지금의 지혜와 일체가 되어 작용하는 것을 말하는 뜻으로, 이것은 견(見) · 연(緣) · 사(事)의 3현관(三現觀)을 구현하는 것을 말하며, 설일체유부(說一切有部)의 정의를 채택하고 있다.

이것을 고법인이라고 한다.[56] 신업(身業)과 구업(口業)과 마음과 서로 관련되지 않는, 여러 가지 행법과 현재 · 미래세의 일체의 무루법의 초문(初門) 이것을 고법인이라 이름한다〔법은 무루법이며, 인은 믿고 섭수함이다〕. 차례대로 고법지(苦法智)[57]를 발생한다. 고법인은 번뇌를 끊고, 고법지는 깨달음을 이룬다.

예컨대 한 사람은 자르고 한 사람은 묶는 것과 같다. 또한 예리한 칼로써 대나무를 쪼개되 바람을 맞으면 곧 쓰러지는 것과 같다. 인(忍)과 지(智)로 공부하기 때문이다. 이 일은 욕계의 번뇌〔欲界繫〕[58]를 구별할 수 있고, 괴로움을 보고 열 가지 번뇌를 끊는다. 그 때 등지(等智)와 달리 무루지(無漏智)를 얻어서 아직 얻지 못한 무루혜(無漏慧)를 얻는다. 이 때 하나의 등지(等智)를 성취한다〔등지는 미래에 성취한다〕.

第二心中成就法智, 苦智等智. 過第三心第四心, 成就四智苦智 · 法智 · 比智 · 等智. 習 · 盡 · 道法智中[59], 一一智增. 離欲人知他心智成就增. 苦

56) 고법인(苦法忍)은 고법지인(苦法智忍)의 준말로서 앞의 사선근(四善根)의 인법(忍法)과 구별하기 위해 다음 제이심(第二心)의 고법지(苦法智)를 일으키는 인(忍)을 말하는 의미로 고법지인(苦法智忍)으로 부른다.

57) 고법지(苦法智)는 바로 욕계(欲界)의 고제(苦諦)를 관(觀)하고 증명하는 지(智)로 이것이 제이심(第二心)이다.

58) 욕계계(欲界繫)라는 것은 욕계에 속박된 번뇌의 뜻이고, 십결(十結)이라는 것은 탐(貪) · 진(瞋) · 치(癡) · 만(慢) · 의(疑) · 신견(身見) · 변견(邊見) · 사견(邪見) · 견취견(見取見) · 계금취견(戒禁取見)이다.

59) 대정본에는 道法智中이나 원, 명, 궁본에는 道法中이다.

比忍 · 苦比智斷十八結. 是四心苦諦能得. 習法忍 · 習法智斷欲界繫七結, 習比忍 · 習比智斷色 · 無色界繫十三結. 盡法忍 · 盡法智斷欲界繫七結, 盡比忍 · 盡比智斷色 · 無色界繫十二結. 道法忍 · 道法智斷欲界繫八結, 道比忍 · 道比智斷色 · 無色界繫十四結. 道比智是名須陀般那〈下字上字〉. 實知諸法相. 是十六心.

제(2)의 마음속에서 법지(法智)와 고지(苦智), 등지(等智)를 성취한다. 제(3)의 마음과 제(4)의 마음을 지나서 네 가지 지혜[60] 즉 고지 · 법지 · 비지(比智)[61] · 등지(等智)[62]를 성취한다. 습(習) · 진(盡) · 도법지(道法智) 속에서 하나하나의 지혜가 증진한다. 열의를 여읜 사람은 지타심지(知他心智)[63]를 성취하여 증가시킨다. 고비인(苦比忍)과 고비지(苦比智)는 열여덟 가지 번뇌[64]를 끊는다.

이 네 가지 마음으로 고제를 증득할 수 있다. 습법인(習法忍)[65]과 습법지(習法智)[66]로 욕계의 번뇌인 일곱 가지 번뇌[67]를 끊으며, 습비

---

60) 사지(四智)는 고지(苦智) · 법지(法智) · 비지(比智) · 등지(等智)를 다음과 같이 고지(苦智) · 고법지(苦法智) · 고류지(苦類智) · 세속지(世俗智)라고 한다.

61) 고비지인(苦比智忍)은 신역에서는 고류지인(苦類智忍)이라 말한다. 위로 2계(界)의 고제(苦諦)에 대한 무루심(無漏心)이라 하여 위로 2계(界)는 무루심의 대상도 그 마음의 작용〔行相〕이 욕계의 부등에 유동하지만 위에 유인(類忍), 유지(類智)라 말하고, 옛 번역에는 비인(比忍), 비지(比智)라 말하고, 지금은 제이무루심(第二無漏心)이라 한다.

62) 등지(等智)라는 것은 다음 제삼심(第三心)의 고비지(苦比智)가 되고 신역은 고류지(苦類智)이다.

63) 지타심지(知他心智)는 타심통(他心通)이라 하며, 오통(五通) 또는 육통(六通)의 하나이다.

64) 18결(十八結)은 앞에 십결(十結) 가운데 진(瞋)을 제외한 구결(九結)이 색계와 무색계로 18결(結)이 된다.

인(習比忍)[68]과 습비지(習比智)[69]는 색계와 무색계의 번뇌인 열세 가지 번뇌[70]를 끊는다.

진법인(盡法忍)[71]과 진법지(盡法智)[72]는 욕계의 번뇌인 일곱 가지 번뇌를 끊으며, 진비인(盡比忍)[73]과 진비지(盡比智)[74]는 색계와 무색계의 번뇌인 열두 가지 번뇌를 끊는다. 도법인(道法忍)[75]과 도법지(道法智)는 욕계의 번뇌인 여덟 가지 번뇌[76]를 끊으며, 도비인(道比忍)[77]과 도비지(道比智)[78]는 색계와 무색계의 번뇌인 열네 가지 번뇌[79]를 끊는다. 도비지를 수다반나(須陀般那)[80]〔하자상자(下字上字)〕라고 한다. 진실로 제법의 모양을 아는 것이 열여섯 가지의 마음이다.[81]

---

65) 습법인(習法忍)은 신역에 집법지인(集法智忍)을 말한다.

66) 습법지(習法智)는 신역에 집법지(集法智)이다.

67) 칠결(七結)은 십결(十結) 중에서 신견(身見)·변견(邊見)·계금취견(戒禁取見)을 제외한 7결(結)을 말한다.

68) 습비인(習比忍)은 신역에 집류지인(集類智忍)을 말한다.

69) 습비지(習比智)는 신역에 집류지(集類智)를 말한다.

70) 십삼결(十三結)은 명, 궁본의 12결(結)이 올바르다. 즉 탐(貪)·진(瞋)·만(慢)·의(疑)·사견(邪見)·견취견(見取見)의 6결(結)이 색계와 무색계로 12결(結)이 된다.

71) 진법인(盡法忍)은 신역에 멸법지인(滅法智忍)을 말한다.

72) 진법지(盡法智)는 신역에 멸법지(滅法智)를 말한다.

73) 진비인(盡比忍)은 신역에 멸류지인(滅類智忍)을 말한다.

74) 진비지(盡比智)는 신역에 멸류지(滅類智)를 말한다.

75) 도법인(道法忍)은 도법지인(道法智忍)이다.

76) 팔결(八結)은 십결(十結)에서 신견(身見)·변견(邊見)을 제외한 나머지인 것이다.

77) 도비인(道比忍)은 신역에 도류지인(道類智忍)을 말한다.

78) 도비지(道比智)는 신역에 도류지(道類智)를 말한다.

79) 십사결(十四結)은 십결(十結)에서 탐(瞋)·신견(身見)·변견(邊見)을 제외한 7결(結)이 색계와 무색계로 14결(結)이 된다.

80) 수다반나(須陀般那)는 수다원(須陀洹)으로도 쓰고 예류과(預流果)로도 번역되고 무루(無漏)의 성자가 유류(流類)에 맡기는 뜻으로 초과(初果)로도 말한다.

(5) 성문〔聲聞 (예류부터 아라한까지)〕

能十五心中利根名隨法行, 鈍根名隨信行. 是二人未離欲, 名初果向. 先未斷結得十六心名須陀般那. 若先斷六品結得十六心名息忌陀伽迷〈秦言一來〉. 若先斷九品結得十六心名阿那迦迷〈秦言不來〉. 先未離欲, 斷八十八結故名須陀般那. 復次無漏果善根得. 得故名須陀般那. 利根名見得鈍根名信愛. 思惟結未斷餘殘七世生. 若思惟結三種斷名家家三世生. 聖道八分三十七品名流, 流向涅槃. 隨是流行故名須陀槃那. 是爲佛初功德子 惡道得脫.

능히 열다섯 가지 마음속의 날카로운 근기를 수법행(隨法行)이라고 하며, 아둔한 근기를 수신행(隨信行)이라고 한다. 이러한 두 사람은 아직 열의를 여의지 못한 것이며, 초과향(初果向)[82]이라고 한다. 먼저 아직 번뇌를 끊지 못하고 열여섯 가지 마음을 얻는 것[83]을 수다반나(須陀般那)라고 한다. 만일 먼저 육품(六品)의 번뇌를 끊고[84] 열여섯 가지 마음을 얻으면 식기타가미(息忌陀迦迷)[85]〔진(秦)나라 말로

81) 이상 16가지는(『아비달마불교』, p. 252)의 도표를 참조할 것.

82) 초과향(初果向)은 예류향(預流向)으로 번역한다.

83) '先未斷結得十六心'은 십육심(十六心) 사이에 총 팔십팔결(八十八結)을 끊는 것도 이에 견혹(見惑: 理에 미혹)하여 아직 수혹(修惑: 事에 미혹)을 끊지 못한 까닭에 미단결(未斷結)이라 말한다.

84) '若先斷六品結'은 욕계의 수혹(修惑)에 구품(九品) 가운데 앞의 육품(六品)을 끊는 것을 이른다.

85) 식기타가미(息忌陀伽迷)는 일래과(一來果)로 번역하고 2과(果)로도 말한다. 남은 삼품(三品)의 혹(惑)에 의해 지금 욕계를 넘어서 한번 생(生)을 받는 것을 말한다.

는 일래(一來)이다〕라고 한다. 만일 먼저 구품의 번뇌를 끊어서 열여섯 가지 마음을 얻으면 아나가미(阿那伽迷)[86]〔진나라 말로는 불래(不來)이다〕라고 한다.

먼저 아직 열의를 여의지 못하고 여든여덟 가지 번뇌[87]를 끊었기 때문에 수다반나라고 한다. 또한 무루과(無漏果)의 선근을 얻으므로 수다반나(須陀般那)라고 한다. 예리한 근기를 견득(見得)[88]이라고 하고, 아둔한 근기를 신애(信愛)[89]라고 한다. 사유의 번뇌〔思惟結〕[90]가 아직 끊어지지 않았으면 나머지 일곱 번을 세상에 태어난다.[91] 만일 사유의 번뇌 세 가지를 끊으면 가가성자(家家聖者)[92]로 세 번 세

---

86) 아나가미(阿那伽迷)는 불환과(不還果)로 번역하고 욕계에 되돌아오지 않는 뜻으로 삼과(三果)이다.

87) 88결(八十八結)은 16심(心) 사이에 4제(諦) 16행상(行相)의 관법(觀法)을 이루어 10결(結) 내지 14결(結)을 끊는 것이 총 88결(結)이 되고 이것을 견혹(見惑)이라 한다.

88) 견득(見得)은 견지(見至)의 구역(舊譯)이다. 도위(道位)에 있는 이들 중에서 지혜가 밝은 사람. 앞에 수법행(隨法行)을 하는 자가 예류과에 들어가는 것을 이른다.

89) 신애(信愛)는 앞에 수신행(隨信行)을 하는 자가 예류과를 얻는 것을 이른다.

90) 사유결(思惟結)은 수혹(修惑)을 말한다.

91) 여잔칠세생(餘殘七世生)은 욕계 구품(九品)의 수혹(修惑)을 조금도 끊지 않고 초과(初果)를 얻는 것을 최대한도로 하여 7도(度) 욕계에 생(生)을 받는 것을 의미한다.

92) 가가성자(家家聖者 kulamkula): 소승 성자(聖者)의 이름. 27성현(聖賢)의 하나, 18유학(有學)의 하나. 줄여서 가가(家家)라고도 한다. 소승 사과(四果)의 하나인 일래향(一來向)의 성자 중에 이미 욕계(欲界)의 3품 혹은 4품의 수혹(修惑)을 끊어서 수명을 다하였을 때, 세 번 혹은 두 번 욕계의 인(人)·천(天) 사이에 태어나는 성자를 가리킨다. 이 성자는 마치 이 집에서 저 집에 이르는 것처럼 세 번 또는 두 번의 생(生)을 걸쳐서 극과(極果)를 증득하고 열반에 들어가기 때문에 가가(家家)라고 한다.

93) '三種斷名家家三世生'은 욕계 수혹(修惑)의 앞에 삼품(三品)을 끊을 때에, 7세생(世生) 중에 4세생(世生)을 면하여 남은 삼생(三生)이 되어 이것을 삼생가가(三生家家)라고 말한다. 가가(家家)는 초과(初果)와 2과(果) 중간에 위치하는 성자(聖者)를 가리킨다.

상에 태어난다.[93] 성스러운 길 팔분(八分)과 삼십칠품을 흐름〔流〕이라고 하는데 열반을 향해 흐른다. 이것을 따라 흘러가기 때문에 수다반나라고 한다.[94] 이것을 부처님의 첫 공덕의 씨앗이라 하며, 악도(惡道)에서 벗어날 수 있다.

三結斷三毒薄名息忌陀伽迷. 復次欲界結九種〈上上上中上下中上中中中下下上下中下下〉, 見諦斷思惟斷. 若凡夫人先以有漏道斷欲界繫六種結入見諦道. 十六心中得名息忌陀伽迷. 若八種斷入見諦道, 第十六心中一種名息忌陀伽迷果 · 向阿那伽迷. 若佛弟子得 須陀般那單斷三結欲得息忌陀伽迷. 是思惟斷欲界繫九種結六種斷是名息忌陀伽迷, 八種斷是名一種息忌陀伽迷果 · 向阿那伽迷.

세 가지 번뇌〔三結〕[95]를 끊고 세 가지 해독을 엷게 하는 것을 식기타가미(息忌陀迦迷)라고 한다. 또한 욕계의 번뇌는 아홉 가지〔상상(上上) · 상중(上中) · 상하(上下) · 중상 · 중중 · 중하 · 하상 · 하중 · 하하〕로 견제단(見諦斷)과 사유단(思惟斷)[96]이다. 만일 범부인 사람이 먼저 유루도(有漏道)로써 욕계의 번뇌인 여섯 가지 번뇌를 끊고 견제도(見諦道)

---

94) '聖道八分……名須陀槃那'는 예류과(預流果)의 이름을 설명하고, 성도팔분(聖道八分)은 팔정도(八正道)를 37품(品)은 37보리분법(三十七菩提分法)을 말한다.

95) 삼결(三結)은 예류과(預流果)를 얻은 사람이 끊는 3가지의 번뇌. (1) 견결〔見結: 아견(我見)〕. (2) 계취결〔戒取結: 사계(邪戒)를 행하는 것을 해탈의 원인으로 보는 것〕. (3) 의결〔疑結: 정리(正理)를 의심하는 것〕. 견혹(見惑) 중에서 가장 무거운 것이다.

에 들어가 열여섯 가지 마음을 얻으면 식기타가미라고 한다.

만일 여덟 가지 번뇌를 끊어 견제도에 들어간다면 열여섯 가지 마음속에서 일종의 식기타가미의 결과가 아나가미(阿那伽迷)로 향한다고 한다. 만일 부처님의 제자가 수다반나를 얻으면 단순하게 세 가지 번뇌를 끊고 식기타가미를 얻고자 한다. 이것은 사유단(思惟斷)으로서 욕계의 번뇌인 아홉 가지 번뇌 중에서 여섯 가지를 끊으면 이것을 식기타가미라고 한다. 여덟 가지를 끊으면 이것을 일종의 식기타가미의 결과가 아나가미로 향한다고 한다.[97]

若凡夫人先斷欲界繫九種結入見諦道, 第十六心中名阿那伽迷. 若得息忌陀伽迷, 進斷三種思惟結第九解脫道名阿那伽迷. 阿那伽迷有九種. 今世必入涅槃阿那伽迷, 中陰入涅槃阿那伽迷, 生已入涅槃阿那伽迷, 懃求入涅槃阿那伽迷, 不懃求入涅槃阿那伽迷, 上行入涅槃阿那伽迷, 至阿迦尼吒入涅槃阿那伽迷, 到無色定入涅槃阿那伽迷, 身證阿那伽迷, 行向阿羅漢阿那

---

96) 견제단(見諦斷)은 16심(心) 가운데 앞의 15심(心) 중에 4제(諦)의 이(理)에 미혹하는 모든 번뇌의 88사(使)를 끊는 것으로서 견도(見道)에서 단계를 말한다. 사유단(思惟斷)은 제16심(第十六心)에 이르러 사(事)에 미혹된 번뇌 즉 3계(界) 총 81품(品)의 수혹(修惑)을 끊는 것으로 수도(修道)의 정도를 말한다. 이 수혹(修惑)은 욕계에 9품(品)이 있으며, 본문(本文)의 9종(種)은 이것이다. 그런데 이 욕계 9종(種)의 번뇌는 기근에 따라 견도(見道) 15심(心)에 들기 전에 그 일부분 또는 전부를 끊는 경우이며, 다음 본문은 그것에 따라 논한다.

97) 일종식기타가미과(一種息忌陀伽迷果)·향아나가미(向阿那伽迷)는 일래과(一來果)의 성자가 불환과(不還果)로 나아가는 도정(道程)의 단계를 말하는 것이다. 일종(一種)이라는 것은 일간(一間)을 일종(一種)으로 보는 오류로 번역되고, 일간(一間)이란 아직 일품(一品)의 잔혹(殘惑)이 있어 다시 욕계의 일생을 받아야 하는 자를 말하며, 불환향(不還向)이라 한다. 그러므로 본문에는 一種名息忌陀伽迷果向阿那伽迷이다.

伽迷.

만일 범부인 사람이 먼저 욕계의 번뇌인 아홉 가지 번뇌를 끊고 견제도에 들어간다면 열여섯 가지 마음속에서 아나가미(阿那伽迷)라 한다. 만일 식기타가미(息忌陀伽迷)를 얻고 나아가 세 가지 사유의 번뇌를 끊는다면 제구(第九)의 해탈도[98]를 아나가미라고 한다.

아나가미는 아홉 종류가 있다. 지금 세상에 반드시 열반에 들어가는 아나가미[99], 중음(中陰)으로서 열반에 들어가는 아나가미[100], 태어난 뒤에 열반에 들어가는 아나가미[101], 간절하게 찾아서 열반에 들어가는 아나가미[102], 간절하게 찾지 않고 열반에 들어가는 아나가미[103], 상행(上行)하여 열반에 들어가는 아나가미[104], 아가니타(阿迦尼吒)[105]에 이르러 열반에 들어가는 아나가미, 무색정(無色定)에

---

98) 해탈도(解脫道)는 하나의 번뇌를 끊고 마지막 그것을 해탈하여 진지(眞智)로 나타나는 곳을 말하며 본문에 제구(第九)와 혹은 욕계 9품(品)의 혹(惑)을 제구(第九)에 끊어버린 결과를 말한다. 해탈도(解脫道)에 대하여 번뇌를 끊어버린 이곳을 무간도(無間道)라 말한다.

99) 현반열반(現般涅槃)은 불환과(不還果)의 하나이다.

100) 중반열반(中般涅槃)은 불환과의 하나이다.

101) 생반열반(生般涅槃)은 불환과의 하나이다.

102) 유행반열반(有行般涅槃)은 불환과의 하나이다.

103) 무행반열반(無行般涅槃)은 불환과의 하나이다.

104) 상류반열반(上流般涅槃)은 불환과의 하나이다.

105) 아가니타(阿伽尼吒)는 색구경천(色究竟天)이라 하며, 색계 88천(天)의 가장 위에 있는 하늘이며, 유정천(有頂天)이라고도 한다.

106) 무색정열반(無色定涅槃)은 불환과의 하나이다.

107) 신증(身證)은 아직 몸이 남아 있으므로, 몸으로 그것을 증명한다는 뜻. 이상 9종(種) 불환 중에 『구사론(俱舍論)』에는 7종(種)을 『성실론(成實論)』에서는 8종(種)의 수가 있다.

도달하여 열반에 들어가는 아나가미[106], 몸으로 깨닫는[107] 아나가미, 아라한을 향해 가는 아나가미이다.

色 · 無色界, 九種結以第九無礙道金剛三昧破一切結, 第九解脫道盡智修一切善根. 是名阿羅漢果. 是阿羅漢有九種. 退法 · 不退法 · 死法 · 守法 · 住法 · 必知法 · 不壞法 · 慧脫 · 共脫. 濡智濡進行五種法退, 是名退法. 利智利進行五種法不退, 是名不退法. 濡智濡進利厭思惟自殺身, 是名死法. 濡智大進自護身, 是名守法. 中智中進不增不減處中而住, 是名住法. 少利智懃精進能得不壞心解脫, 是名必知法. 利智大進初得不壞心解脫, 是名不壞法. 不能入諸禪[108]未到地中諸漏盡, 是名慧解脫. 得諸禪亦得滅禪 · 諸漏盡, 是名共解脫. 有阿羅漢, 一切有爲法常厭滿足, 更不求功德, 待時入涅槃. 有阿羅漢, 求四禪 · 四無色定 · 四等心 · 八解脫 · 八勝處 · 十一切入 · 九次第 · 六神通 · 願智 · 阿蘭若那三昧 〈秦言 無諍 阿蘭若 言無事 或言空寂 舊言須菩提 常行空寂行非也 自是無諍行耳 無諍者將護衆生 不令起諍於我耳 起諍如舍利弗 目連夜入陶屋中宿致 拘迦離起諍者 是也〉 · 超越三昧 · 熏禪 · 三解脫門及放捨 〈放捨者 三脫門空無願 無相空 無願 無相 卽十二門念 反著者也〉 更作利智懃精進, 入如是諸禪功德, 是名得不退法不壞法.

108) 미도지(未到地)는 미지정(未至定)과 동일하며, 초선(初禪)에 근본정(根本定)을 얻기 위한 예비적 수행이다.

109) 무애도(無礙道)는 무간도(無間道)와 동일. 앞의 해탈도(解脫道) 주를 참조.

110) 금강삼매(金剛三昧)는 금강유정(金剛喩定)이라 하며, 일체를 최파(摧破, 깸 · 깨짐)하는 것에 비유하는 것.

색계(色界)와 무색계(無色界)에 아홉 가지 번뇌가 있으니, 제9의 무애도(無礙道)[109] 금강삼매(金剛三昧)[110]로써 일체의 번뇌를 타파한다. 제9 해탈도(解脫道)의 진지(盡智)로써 일체의 선근을 닦는다. 이것을 아라한과라고 한다. 이 아라한(阿羅漢)은 아홉 가지가 있다.[111] 퇴법(退法)·불퇴법(不退法)·사법(死法)·수법(守法)·주법(住法)·필지법(必知法)·불괴법(不壞法)·혜탈(慧脫)·공탈(共脫)이다.

유지(濡[112]智)로써 부드럽게 나아가고, 다섯 가지 법[113]을 행하였는데 물러나면 이것을 퇴법(退法)이라고 하며, 이지(利智)로 날카롭게 나아가고 다섯 가지 법을 행하되 물러남이 없으면, 이것을 불퇴법(不退法)이라고 한다. 유지(濡智)로 부드럽게 나아가되 예리하게 사유하는 것을 매우 싫어하여 스스로 몸을 죽이는 것을 사법(死法)이라고 하며, 유지(濡智)로 크게 정진하여 스스로 몸을 지키는 것을 수법(守法)이라고 한다.

---

111) 9종나한(九種羅漢)은 무학위(無學位)를 성취한 사람을 그 우열에 따라 아홉 가지로 분류한 것. 9무학(無學)의 구체적인 명칭과 순서는 여러 경론에 다르게 나타난다. 『중아함경』(대정장1, p. 616a)에 "복전인(福田人)에 학인(學人)과 무학인(無學人)의 두 가지가 있다. 학인에 18가지가 있고, 무학인에 9가지가 있다. 아홉 가지 무학인은 사법(思法)·승진법(昇進法)·부동법(不動法)·퇴법(退法)·불퇴법(不退法)·호법(護法)·실주법(實住法)·혜해탈(慧解脫)·구해탈(俱解脫) 등을 말한다." 『성실론』(대정장32, p.246b)에는 "아라한에 아홉 가지가 있다. 퇴상(退相)·수상(守相)·사상(死相)·주상(住相)·가진상(可進相)·불괴상(不壞相)·혜해탈상(慧解脫相)·구해탈상(俱解脫相)·불퇴상(不退相) 등이다(阿羅漢有九種 退相守相死相住相可進相不壞相慧解脫相俱解脫相不退相)."라고 하였다.

112) 유(濡)는 난(煖) 또는 연(軟)이라는 뜻이다.

113) 오종법(五種法)은 오문선(五門禪)이며 상권(上卷)에서 설(說)하였다.

중지(中智)로 적당하게 나아가되 더함도 덜함도 없이 가운데를 차지하여 머무는 것을 주법(住法)이라고 하며, 적은 이지(利智)로 부지런히 정진하여 허물어지지 않는 마음의 해탈을 얻을 수 있는 것을 필지법(必知法)이라고 한다.

이지(利智)로 크게 정진하여 처음으로 허물어지지 않는 마음의 해탈을 얻을 수 있는 것을 불괴법(不壞法)이라고 한다. 여러 가지 선정에 들어가지 않고 아직 경지에 이르지 않았는데도 여러 가지 번뇌가 사라지는 것을 혜해탈(慧解脫)이라고 하며, 여러 가지 선정을 얻고 또한 멸선(滅禪)[114]과 여러 가지 누진(漏盡)을 얻는 것을 공해탈(共解脫)이라고 한다.

어떤 아라한은 일체의 유위법을 언제나 만족하며, 더구나 공덕을 추구하지 않고 때를 기다려 열반에 들어가고, 어떤 아라한은 사선(四禪) · 사무색정(四無色定) · 사등심(四等心) · 팔해탈(八解脫)[115] · 팔승처(八勝處)[116] · 십일체입(十一切入)[117] · 구차제(九次第)[118] · 육신통(六神通) · 원지(願智)[119] · 아란야삼매(阿蘭若三昧)[120][진(秦)나라 말로는 무

---

114) 멸선(滅禪)은 멸진정(滅盡定)을 말한다.

115) 8해탈(八解脫)은 관법에 따라 탐착심을 버리고 3계(界)의 번뇌를 끊어 생사를 해탈하는 것.

116) 8승처(八勝處)는 관법에 따라서 소연(所緣)[인식의 대상]에 경[境(즉 처(處)]을 극복한 번뇌를 이기는 까닭에 이른 것. 1. 내유색상관외색소(內有色想觀外色少) 2. 내유색상관외색다(內有色想觀外色多) 3. 내무색상관외색소(內無色想觀外色少) 4. 내무색상관외색다(內無色想觀外色多) 5. 내무색상관외색청(內無色想觀外色青) 6. 내무색상관외색적(內無色想觀外色赤) 7. 내무색상관외색황(內無色想觀外色黃) 8. 내무색상관외색백(內無色想觀外色白)으로 하여 8해탈(八解脫) 중에 앞의 3해탈(三解脫)을 열어 더하고 인식의 대상에 외계의 존재를 억제하여 번뇌를 눌러서 나타나지 않도록 하는 것.

쟁(無諍)이라고 한다. 아란야(阿蘭若)란 무사(無事)라 하고 혹은 공적(空寂)이라고도 한다. 옛날에 말하기를 "수보리가 늘 공적행(空寂行)을 행한다."고 했는데 그것은 잘못된 말이다. 이로부터 무쟁행(無諍行)을 실천할 뿐이니 무쟁(無諍)이란 장차 중생들을 보호하여 그들로 하여금 나에 대하여 다툼이 일어나지 않게 할 뿐이다. 다툼이 일어나는 것은 마치 사리불과 목련이 밤에 도공(陶公)의 집에 들어가 자다가 그 날 밤에 구가리(拘迦離)가 이르러서 다툼을 일으키는 것과 같은 것이 바로 이것이다.〕· 초월삼매(超越三昧)[121] · 훈선(熏禪) · 삼해탈문(三解脫門) · 방사(放捨)〔방사는 삼해탈문의 공(空) · 무원(無願) · 무상(無相)이다. 공 · 무원 · 무상은 십이문을 염(念)하되 도리어 집착하는 것이다.〕를 찾으며, 더구나 이지(利智)를 만들어 부지런히 정진한다. 이와 같이 여러 선정(禪定)의 공덕에 들어가면, 이것을 불퇴법(不退法)과 불괴법(不壞法)을 얻었다고 한다.

---

117) 11체입(十一切入)은 십변처(十遍處)라 하고 지(地) · 수(水) · 화(火) · 풍(風) · 공(空) · 식(識)의 6대(大)와 청(靑) · 황(黃) · 적(赤) · 백(白)의 네 가지 물질로 나타나는 것을 하나하나를 취하여 이것 등이 모든 곳에 편만(遍滿)하는 관법이다.

118) 구차제정(九次第定)은 4선(禪), 4무색정(無色定) 및 멸진정(滅盡定)의 9가지 선정을 말한다. 한 선정에서 나와 다른 마음을 일으키지 않고, 다음 선정에 계속하여 들어가는 것이므로 차제정(次第定)이라 한다. 『대지도론』 권21(대정장25, p. 216c)에 "구차제정이란 초선심을 따라 일어나서 차례대로 제2선에 들면서 다른 마음으로 들어갈 수는 없게 하며 착하거나 때가 끼거나 이와 같이 멸진정까지 이르게 된다(九次第定者 從初禪心起 次第入第二禪 不令餘心得入 若善若垢 如是乃至滅受想定)."라고 하였다.

119) 원지(願智)는 원(願)하는 바와 같이 유위무위(有爲無爲)〔형성되거나 형성되지 않은〕의 일체법을 직관적으로 요지하는 지혜를 말한다.

120) 아란야삼매(阿蘭若三昧)는 무쟁삼매(無諍三昧)이며, 공리(空理)에 주(住)하여 타인과 더불어 다툼이 없는 삼매를 말한다.

121) 초월삼매(超越三昧)는 소승에서 이르기를 중간(中間)에 일지(一地)를 초월하여 나아가 얻는 삼매를 말한다.

Ⅳ. 연각선(緣覺禪)

1. 벽지불[122] 〔辟支佛: 독각(獨覺) · 연각(緣覺)〕

若佛不出世, 無佛法無弟子時, 是時離欲人辟支佛出. 辟支佛有三種上 · 中 · 下. 下者 本得須陀般那若息忌陀伽迷, 是須陀般那於第七世生人中, 是時無佛法不得作弟子, 復不應八世生, 是時, 作辟支佛. 若息忌陀伽迷二世生, 是時無佛法不得作弟子, 復不應三世生, 是時作辟支佛. 有人願作辟支佛, 種辟支佛善根時, 無佛法善根熟. 爾時厭世出家得道名辟支佛. 是名中辟支佛. 有人求佛道智力進力少以因緣退〈如舍利弗 是也〉, 是時佛不出世, 無佛法亦無弟子, 而善根行熟作辟支佛. 有相好若少若多. 厭世出家得道, 是名上辟支佛. 於諸法中智慧淺入名阿羅漢, 中入名辟支佛, 深入名佛. 如遙見樹不能分別枝, 小近能分別枝, 不能分別華葉. 到樹下盡能分別知樹 · 枝 · 葉 · 華實. 聲聞能知一切諸行 無常, 一切諸法無主, 唯涅槃善安隱. 聲聞能如是觀, 不能分別深入深知. 辟支佛少能分別, 亦不能深入深知. 佛知諸法, 分別究暢深入深知也. 如波羅奈國王. 夏暑熱時處高樓上坐七寶床, 令青衣磨牛頭栴檀香塗身. 青衣臂多著釧[123]. 摩王身時釧聲滿耳. 王甚患之 敎次第令脫. 釧少聲微. 唯獨一釧寂然無聲. 王時悟曰, 國家 · 臣民 ·

122) 다음 벽지불(辟支佛)은 독각(獨覺)이라 번역하고 보통은 연각(緣覺)이라 말한다.

123) 천(釧)은 비환(臂環: 팔찌)이다.

宮人 · 婇女多事多惱亦復如是. 卽時離欲獨處思惟得辟支佛, 鬚髮自落著自然衣, 從樓閣去, 以己神足力 出家入山. 如是因緣中品辟支佛也.

만일 부처님께서 세상에 출현하지 않아서 불법이 없으며 제자가 없는 때라면, 이때는 욕망을 여읜 사람인 벽지불(辟支佛)이 출현한다. 벽지불은 세 가지가 있으니, 상 · 중 · 하이다. 하(下)란 본래 수다반나(須陀般那) 혹은 식기타가미(息忌陀伽迷)를 얻으며, 이 수다반나가 일곱 번째 세상에서 사람으로 태어났을 때 불법이 없어서 (부처님) 제자가 될 수 없으며 또한 마땅히 여덟 번째의 세상에 태어나지 않으니, 이 때 벽지불이 된다. 만일 식기타가미가 두 번째 세상에 태어난다면 이 때 불법이 없어서 (부처님) 제자가 될 수 없으며 다시 마땅히 세 번째 세상에 태어나지 않으니, 이 때 벽지불이 된다.

어떤 사람이 벽지불이 되기를 원하여 벽지불의 선근을 심을 때 불법이 없어도 선근이 익으니, 이 때 세상을 싫어하여 집을 나와 도를 얻으면 벽지불이라고 하며, 이것을 중벽지불(中辟支佛)이라고 한다.

어떤 사람이 부처님의 길을 찾아서 지력(智力)으로 힘써 나아감에 약간은 인연으로써 물러난다(예컨대 사리불과 같은 경우이다). 이 때 부처님께서 세상에 나오시지 않고, 불법도 없으며, 제자도 없으나 선근의 행이 익어서 벽지불이 된다. 특징이 적기도 하고 많기도 하다. 세상을 싫어하여 출가하여 도를 얻었기에 이것을 상벽지불(上辟支佛)이라고 한다.

여러 존재들 중에서 지혜가 얕게 들어가는 것을 아라한이라고 하며, 중간 정도로 들어가는 것을 벽지불이라고 하며, 깊게 들어가는 것을 부처님이라고 한다. 마치 멀리서 나무를 보면 가지를 분별할 수 없는 것과 같다. 조금 가까이에서는 가지를 분별할 수는 있으나 꽃과 잎사귀는 분별할 수 없다. 나무 아래에 도달해서는 모두를 분별할 수 있어서 나무의 가지와 잎사귀와 꽃과 열매를 안다.[124)]

성문(聲聞)[125)]은 일체의 제행(諸行)이 무상(無常)이며, 일체의 모든 존재들이 주체가 없어서 오직 열반만이 가장 안온한 것을 안다. 성문은 능히 이와 같이 관하는데 설령 분별하여 깊숙하게 들어가도 깊게 알 수 없다. 벽지불은 약간은 분별할 수 있는데 깊숙하게 들어가도 깊게 알 수는 없다. 부처님께서는 모든 존재를 알고 분별하여 통하고 깊숙하게 들어가고 깊게 아신다. 마치 바라나(波羅奈)[126)]의 국왕과 같다.

뜨거운 여름일 때에는 높은 누각 위에 살며, 칠보의 책상에 앉아 금강동자〔青衣〕로 하여금 우두전단향(牛頭栴檀香)[127)]을 갈아 몸에 바

---

124) 나한(羅漢), 연각(緣覺), 부처님의 서로 다른 점을 나타낸다.

125) 성문(聲聞)은 부처님의 설법하는 음성을 듣고 수행하는 사람으로 소승불교의 대표적인 행자(行者)이다.

126) 바라나(波羅奈)는 녹야원이 있는 곳. 지금의 베나레스를 중심으로 하는 지방이다.

127) 우두전단향(牛頭栴檀香)은 우두산에서 나오는 전단나무〔향나무의 일종〕이다.

르게 하니, 금강동자가 팔뚝에 많은 팔찌를 차고 있어서 임금의 몸을 문지를 때에 팔찌 소리가 귀에 가득하다. 임금이 그것을 매우 우려하여 차례대로 벗게 하니 팔찌가 적어지자 소리도 희미하다. 오직 팔찌가 하나일 때 고요하여 소리가 없다.

임금이 그 때 깨닫고 말하길, "국가의 신하 · 백성 · 궁인(宮人) · 채녀(婇女)가 일이 많으면 번뇌가 많은 것이 또한 이와 같다. 즉시 욕망을 버리고 외로운 곳에서 사유하여 벽지불을 얻으리라."고 하였다. 그리고는 스스로 머리를 깎고 자연의 옷을 입고 누각에서 떠나며, 자신의 신족력(神足力)으로 출가하여 산에 들어갔다. 이와 같은 인연은 중품벽지불(中品辟支佛)이다.

Ⅴ. 보살선(菩薩禪)[128]

1. 보살도(菩薩道)의 염불관(念佛觀)

若行者, 求佛道入禪, 先當繫心專念十方三世諸佛生身. 莫念地 · 水 · 火 · 風 · 山 · 樹 · 草 · 木. 天地之中有形之類, 及諸餘法, 一切莫念. 但念

128) 이하 보살도(菩薩道)의 오문선(五門禪)을 설(說)한다.

諸佛生身處在虛空. 譬如大海淸水中央金山王須彌, 如夜闇中然大火, 如大施祠中七寶幢. 佛身如是, 有三十二相 八十種好, 常出無量淸淨光明於虛空相靑色中. 常念佛身相如是. 行者便得十方三世諸佛 悉在心目前一切悉見三昧. 若心餘處緣, 還攝令住念在佛身. 是時便見東方三百千萬千萬億種無量諸佛. 如是南方 · 西方 · 北方 · 四維 · 上下, 隨所念方見一切佛. 如人夜觀星宿 百千無量種星宿悉見. 菩薩得是三昧除無量劫厚罪令薄, 薄者令滅.

得是三昧已當念佛種種無量功德, 一切智 · 一切解 · 一切見 · 一切德. 得大慈大悲自在. 自初出無明㲉四無畏 · 五眼 · 十力 · 十八不共法能除無量苦救老死畏, 與常樂涅槃. 佛有如是等種種無量功德.

만일 수행자가 부처의 길을 찾아서 선정에 들어가면 먼저 마땅히 마음을 묶어 시방삼세의 여러 부처님의 생신(生身)을 오로지 생각해야만 한다.[129]

땅 · 물 · 불 · 바람 · 산 · 나무 · 초목을 생각해서는 안 된다. 하늘과 땅 사이에 형체가 있는 무리나 그 밖에 여러 존재를 모두 생각하지 말고, 다만 여러 부처님의 생신(生身)이 허공에 살고 있다고 생각한다. 예컨대 큰 바다의 맑은 물 중앙이 금산왕수미(金山王須彌)와 같고, 밤의 어둠 속에서 커다란 불을 태우는 것과 같으며, 커다란 사당 가운데의 칠보 깃발과 같다. 부처님의 몸도 이와 같아서

129) 먼저 생신관불(生身觀佛)을 설하다.

삼십이상과 팔십종호를 지니며, 항상 무량하고 청정한 광명이 허공의 푸른 색깔 속에서 나온다.

항상 부처님의 몸과 모습을 생각하는 것이 이와 같으면 수행자는 곧 '시방 삼세의 여러 부처님의 마음이 눈앞에 있다'는 일체실견삼매(一切悉見三昧)를 얻는다. 만일 마음이 다른 대상을 반연하게 되면 다시 섭수하여 머물게 하고 모든 부처님의 몸〔佛身〕에 머물고 염(念)하고 있게 한다. 이 때 문득 동방 삼백천만억 가지의 무량한 일체의 부처님을 본다.

이와 같이 남방 · 서방 · 북방 사유(四維) 위아래의 생각하는 바의 방향에 따라 일체의 부처님을 본다. 마치 사람이 밤에 별을 보되 백천 가지의 무량한 별을 모두 보는 것과 같다. 보살은 이 삼매를 얻어 무량겁의 두터운 죄를 제거하여 엷어지게 하고, 엷은 자는 소멸하게 된다.

이 삼매를 얻고 나면 마땅히 부처님의 가지가지 무량한 공덕 · 일체의 지혜 · 일체의 이해(理解) · 일체의 견해 · 일체의 덕을 생각해야만 한다.[130] 그러면 대자대비의 자재함을 얻고, 처음부터 무명의 알곡에서 나와 사무외(四無畏)[131] · 오안(五眼)[132] · 십력(十力)[133] · 십팔불공법(十八不共法)[134]으로 능히 무량한 괴로움을 제거하고 늙고

130) 다음은 법신관불(法身觀佛)을 설하다.

131) 4무외(四無畏)는 부처님이 가르침을 설할 때에 두려움을 느끼지 않는 4종류의 지혜. 1. 정등각무외(正等覺無畏) 2. 누영진무외(漏永盡無畏) 3. 설장법무외(說障法無畏) 4. 설출도무외(說出道無畏)이다.

죽는 두려움에서 구제되어 늘 즐거운[常樂] 열반과 함께 한다. 부처님은 이와 같은 가지가지 무량한 공덕을 지닌다.

(1) 보살도의 염불삼매(念佛三昧)의 특징

作是念已自發願言, 我何時當得佛身・佛功德巍巍如是. 復作大誓, 過去一切福・現在一切福盡持求佛道不用餘報. 復作是念, 一切衆生甚可憐愍. 諸佛身・功德巍巍如是. 衆生云何更求餘業而不求佛. 譬如貴家盲子墮大深坑, 飢窮困苦食糞食泥, 父甚愍之爲求方便拯之於深坑, 食之以上饌. 行者念言, 佛二種身功德甘露如是, 而諸衆生墮生死深坑 食諸不淨. 以大悲心我當拯濟一切衆生, 令得佛道度生死岸, 以佛種種功德法味悉令飽滿. 一切佛法願悉得之. 聞・誦・持・問・觀・行・得果爲作階梯, 立大要誓被

---

132) 오안(五眼)은 제법의 사(事)와 이(理)를 인식하는 눈으로 1. 육안(肉眼) 2. 천안(天眼) 3. 혜안(慧眼) 4. 법안(法眼) 5. 불안(佛眼)이다.

133) 십력(十力)은 부처님이 가진 특유의 10종 지력(智力). 1. 처비처지력(處非處智力) 2. 업이숙지력(業異熟智力) 3. 정려해탈등지등지지력(靜慮解脫等持等至智力) 4. 근상하지력(根上下智力) 5. 종종승해지력(種種勝解智力) 6. 종종계지력(種種界智力) 7. 편취행지력(遍趣行智力) 8. 숙주수념지력(宿住隨念智力) 9. 사생지력(死生智力) 10. 누진지력(漏盡智力)이다.

134) 18불공법(十八不共法)은 부처님에게만 있는 특유한 18종류의 특질. 그 내용은 10력(力)과 4무외(四無畏)와 삼념주(三念住)와 대비(大悲)를 말하며, 1. 신무실(身無失) 2. 구무실(口無失) 3. 의무실(意無失) 4. 무이상(無異想) 5. 무부정심(無不定心) 6. 무부지이사(無不知已捨) 7. 욕무감(欲無減) 8. 정진무감(精進無減) 9. 염무감(念無減) 10. 혜무감(慧無減) 11. 해탈무감(解脫無減) 12. 혜탈지견무감(慧脫知見無減) 13. 일체신업수지혜행(一切身業隨持慧行) 14. 일체구업수지혜행(一切口業隨持慧行) 15. 일체의업수지혜행(一切意業隨持慧行) 16. 지혜지견과거세무애무장(智慧知見過去世無礙無障) 17. 지혜지견미래세무애무장(智慧知見未來世無礙無障) 18. 지혜지견현재세무애무장(智慧知見現在世無礙無障)이다.

三願鎧, 外破魔衆內擊結賊, 直入不迴. 如是三願, 比無量諸願, 願皆住之. 爲度衆生得佛道故. 如是念如是願, 是爲菩薩念佛三昧.

이러한 생각을 하고 나서 스스로 발원하여 "나는 마땅히 언제나 부처님의 몸과 부처님의 공덕을 얻어서 높고 큰 모양이 이와 같을 것인가?"라고 한다. 다시 "과거 일체의 복과 현재 일체의 복을 모두 지니고 부처님의 길을 구하되 나머지 과보를 사용하지 않겠다."라고 커다란 서원을 세운다. 다시 이러한 생각을 한다. '일체의 중생은 매우 가엾고 불쌍하다. 여러 부처님의 몸과 공덕은 높고 큰 모양이 이와 같은데, 중생들은 어찌하여 더욱더 나머지 업을 구하고 부처님을 찾지 않는가?' 예컨대 고귀한 집의 눈 먼 아들이 크고 깊은 구덩이에 떨어져 배고프고 고단하여 괴로워하며 똥과 진흙을 먹으니, 아버지가 그것을 매우 가엾게 여기고 방편을 찾아서 깊은 구덩이에서 그를 건져내고 훌륭한 음식을 먹이는 것과 같다. 수행자가 생각하여 말하기를, "부처님의 두 가지 몸과 공덕의 단이슬은 이와 같지만 여러 중생들은 생사의 깊은 구덩이에 떨어져 여러 가지 더러운 것을 먹는구나. 크게 가엾어 하는 마음으로 내 마땅히 일체 중생들을 제도하여 부처님의 길을 얻고 생사의 언덕을 건너게 하며, 부처님의 갖가지 공덕과 법의 맛(法味)으로 모두 배부르게 하리라."고 한다.

일체의 불법을 원하면 모두 그것을 얻나니 듣고 암송하고 지니고 질문하고 관(觀)하고 실행하여 결과를 얻는 것으로 사다리를 삼고, 크고 요긴한 서원을 세워 세 가지 서원의 갑옷을 입으며, 바깥으로는 마군의 무리를 격파하고 안으로는 번뇌의 도적을 깨뜨려서, 곧바로 윤회하지 않는 경지에 들어간다. 이와 같이 세 가지 서원은 무량한 여러 가지 서원과 비교하건대 서원은 모두 이것에 머문다. 중생을 제도하기 위하여 부처님의 길을 얻기 때문이다. 이와 같이 생각하고 이와 같이 서원하면 이것이 보살의 염불삼매(念佛三昧)이다.

2. 보살도(菩薩道)의 부정관(不淨觀)

行菩薩道者, 於三毒中若婬欲偏多, 先自觀身. 骨 · 肉 · 皮 · 膚 · 筋 · 脈 · 流 · 血 · 肝 · 肺 · 腸 · 胃 · 屎 · 尿 · 涕 · 唾 三十六物, 九想不淨專心內觀不令外念, 外念諸緣攝之令還. 如人執燭入雜穀倉, 種種分別豆麥黍粟, 無不識知. 復次觀身六分. 堅爲地分, 濕爲水分, 熱爲火分, 動爲風分, 孔爲空分, 知爲識分. 亦如屠牛分爲六分, 身 · 首 · 四肢支各自異處. 身有九孔常流不淨, 革囊盛屎. 常作是觀不令外念. 外念諸緣攝之令還. 若得一心意生厭患, 求離此身, 欲令速滅早入涅槃, 是時當發大慈大悲. 以大功德拔濟衆生興前三願. 以諸衆生不知不淨起諸罪垢, 我當拔置於甘露地. 復次欲界衆生樂著不淨, 如狗食糞. 我當度脫至淸淨道.

보살도를 행하는 사람은 삼독(三毒) 가운데서 만일 음욕이 치우치게 많으면, 먼저 스스로 몸을 관한다. 뼈 · 골수 · 살 · 살갗 · 힘줄 · 혈맥 · 땀 · 피 · 간 · 폐 · 창자 · 위 · 오줌 · 똥 · 눈물 · 침 등 서른여섯 가지 물질과 구상(九想)[135]의 더러움을 마음에 기울여 안으로 관〔內觀〕하고 생각이 벗어나지 않게 하며, 바깥으로 여러 반연을 생각하며 그것을 추슬러 되돌아오게 한다. 마치 사람이 촛불을 들고 잡곡 창고에 들어가서 가지가지로 구별하여 콩 · 보리 · 벼 · 조 등을 모르는 것이 없는 것과 같다.

또한 몸을 관하되 여섯 부분으로 나눈다.[136] 단단한 것은 땅의 성분이고, 축축한 것은 물의 성분이며, 뜨거운 것은 불의 성분이고, 움직이는 것은 바람의 성분이며, 구멍은 허공의 성분이고, 아는 것은 알음알이하는 성분이다. 또한 도살한 소를 여섯 부분으로 나누어서 몸과 머리, 사지가 각각 다른 것과 같다. 몸에는 아홉 개의 구멍이 있어서 항상 더러운 것이 흐르고 있으며, 가죽주머니는 똥을 담고 있다. 항상 이와 같이 관하여 생각을 벗어나지 않게 한다. 바깥으로 여러 가지 반연을 생각하면 그것을 추슬러 되돌아오게 한다.

---

135) 구상(九想)은 구상(九相)이라고도 한다. 탐욕을 제거하고, 혹업(惑業)을 멀리하기 위해 사람의 시신에 대해 수행하는 9종류의 관상(觀相). 1. 창상(脹想) 2. 청어상(青瘀想) 3. 괴상(壞想) 4. 혈도상(血塗想) 5. 농란상(膿爛想) 6. 담상(噉想) 7. 산상(散想) 8. 골상(骨想) 9. 소상(燒想)이다.

136) 6분(六分)은 6대(大)라고 하며, 사람 몸의 구성요소를 6분(分)으로 나누고 있다.

만일 한마음을 얻어서 마음으로 싫어함이 생겨 이 몸 분리되는 것을 구하여 재빨리 소멸하고 일찍이 열반에 들어가고자 한다면, 이 때 마땅히 대자대비심(大慈大悲心)을 일으켜야 한다. 커다란 공덕으로 중생들을 구제하고 앞의 세 가지 서원을 일으킨다. "여러 중생들이 부정함을 알지 못하므로 여러 가지 잘못과 허물을 일으키니, 내가 마땅히 그들을 단이슬의 땅에 올려놓으리라. 또한 욕계의 중생들이 청정하지 못하여 즐거움에 집착하는 것은 마치 개가 똥을 먹는 것과 같다. 내 마땅히 제도하여 청정한 도에 이르게 하리라."고 한다.

(1) 모든 존재의 참다운 모습을 관(觀)함

復次, 我當學求諸法實相不有常不無常, 非淨非不淨. 我當云何著此不淨. 觀不淨智從因緣生. 如我法者當求實相, 云何厭患身中不淨而取涅槃. 當如大象度駛流水窮盡源底, 得實法相滅入涅槃. 豈可如獼猴諸兎畏怖, 駛流趣自度身. 我今當學如菩薩法. 行不淨觀 除却婬欲, 廣化衆生令離欲患, 不爲不淨觀所厭沒. 復次旣觀不淨則厭生死. 當觀淨門 繫心三處, 鼻端·眉間額上. 當於是中開一寸皮淨除血肉, 繫心白骨不令外念, 外念諸緣攝之令還, 著三緣中恒與心鬪. 如二人相撲. 行者若勝心, 則不如制之令住. 是名一心. 若以厭患起大悲心愍念衆生, 爲此空骨遠離涅槃入三惡道, 我當懃力作諸功德敎化, 衆生令解身相空. 骨以皮覆實聚不淨. 爲衆生故徐當分別此諸法相. 有少淨想心生愛著, 不淨想多心生厭患. 有出法相故生實法. 諸法實相中無淨無不淨, 亦無閉亦無出, 觀諸法等, 不可壞不可動. 是名諸法實相〈出過羅漢法也〉.

또한 내 마땅히 일체 존재의 참다운 모습〔諸法實相〕[137]은 항상하지도 않고 무상하지도 않으며, 깨끗하지도 않고 더럽지도 않다는 것을 배워서 찾으리라. 나는 왜 이 더러운 것에 집착하지 않으면 안 되는가? 더러움을 관하는 지혜는 인연 따라 생긴다. 나의 가르침과 마찬가지로 마땅히 참다운 모습을 찾아야 한다. 어떻게 몸속의 더러움을 싫어하고 열반을 취득하는가? 마땅히 커다란 코끼리가 급히 흐르는 물을 건너기 위해 시내의 밑바닥을 모두 깊이 살피듯이 참다운 존재의 표상이 소멸하는 것을 증득해서 열반에 들어간다. 어찌 원숭이나 여러 토끼처럼 빨리 흐르는 것을 두려워하여 서둘러 스스로 몸을 제도할 것인가? 내 이제 마땅히 배우되 보살법과 같이 하리라.

부정관(不淨觀)을 실행하여 음욕을 제거하고, 널리 중생들을 교화하되 욕망과 근심을 여의게 하며, 부정관으로 싫어하는 것에 빠지지 않으리라. 또한 이미 더러운 것을 관하였으면 곧 생사를 싫어하리니 마땅히 정문(淨門)을 관하되 마음을 세 곳 즉 콧날 · 미간 ·

137) 제법실상(諸法實相)은 만법(萬法)의 진실인 체상(體相: 본체, 즉 특질)의 뜻이다.

이마 위에 묶어야 하며, 마땅히 이 속에서 한 마디의 가죽을 열어서 피와 살을 청정하게 제거한다. 마음을 백골(白骨)에 묶어서 생각을 벗어나지 않게 하며, 바깥으로 여러 반연을 생각하면 그것을 추슬러 되돌아오게 하며, 세 가지 반연 속에 집착해서 항상 마음과 더불어 싸운다. 마치 두 사람이 서로 씨름하는 것과 같다. 수행자가 만일 마음을 이기자면, 곧 그것을 제압하여 머물게 하는 것과 같은 것이 없으니, 이것을 한마음이라고 한다. 만일 싫어하는 것으로 크게 대비심을 일으켜 중생을 가엾게 여기면, 이 빈 뼈다귀 때문에 열반을 멀리 여의고 삼악도에 들어가는 것이다.

내 마땅히 부지런히 힘쓰고 여러 가지 공덕을 지어 중생을 교화하여 신상(身相)의 공함을 이해하게 하리라. 뼈는 가죽으로 덮여 있으나 사실은 더러운 것으로 모여 있다. 중생을 위하기 때문에 천천히 이 모든 존재의 모습을 분별하는 것이다. 약간의 청정하다는 관념이 있으면 애착을 일으키고, 더럽다는 관념이 많으면 싫어하는 마음을 일으킨다. 존재의 모습에서 벗어날 수 있기 때문에 참다운 존재를 낳는다. 모든 존재의 참다운 모습 속에는 깨끗한 것도 없고 더러운 것도 없으며, 또한 닫는 것도 없고 나오는 것도 없어서 모든 존재를 관하여 파괴되지도 않고 움직이지도 아니한다. 이것을 모든 존재의 있는 그대로의 진실된 모습〔諸法實相〕이라고 한다〔나한법(羅漢法)에서 나온 경우이다〕.

3. 보살도(菩薩道)의 자심관(慈心觀)

行菩薩道者, 若瞋恚偏多當行慈心. 念東方衆生, 慈心淸淨無怨無恚廣大無量, 見諸衆生悉在目前. 南西北方四維上下亦復如是. 制心行慈不令外念, 外念異緣攝之令還. 持心目觀一切衆生, 悉見了了皆在目前. 若得一心當發願言, 我以涅槃, 實淸淨法度脫衆生 使得實樂. 行慈三昧心如此者是菩薩道. 住慈三昧以觀諸法實相, 淸淨不壞不動. 願令衆生得此法利. 以此三昧慈念東方一切衆生使得佛樂. 十方亦爾. 心不轉亂, 是謂菩薩慈三昧門.

보살도(菩薩道)를 행하는 사람이, 만일 성냄이 치우치게 많으면 마땅히 인자한 마음을 행한다. 동쪽의 중생을 생각해야 하며, 인자한 마음이 청정하여 원망함도 없고 성냄도 없고, 넓고 커서 헤아릴 수 없으면, 모든 중생들이 다 눈앞에 있음을 보게 된다. 남쪽 · 서쪽 · 북쪽 · 사유(四維) · 위 · 아래도 마찬가지이다. 마음을 제어하고 인자함을 행하고 생각을 벗어나지 않게 하며, 바깥으로 다른 반연을 생각하며 그것을 추슬러 되돌아오게 한다. 마음의 눈으로 일체 중생을 관하면 모두가 분명하게 눈앞에 있다는 것을 본다.

만일 한마음을 얻으면 마땅히 발원하기를, "나는 열반의 진실하고 청정한 법으로 중생들을 제도하여 참다운 즐거움을 얻게 하리라."고 말해야 한다. 자삼매(慈三昧)를 행하는 마음이 이와 같다면 이것이 보살도이다. 자삼매에 머물러서 일체 존재의 참다운 모습을 관하면 맑고 깨끗해서 허물어지지도 않고 흔들리지도 않는다. 원컨대 중생들로 하여금 이 법의 이익(法利)을 얻게 해야 한다. 이러한 삼매로 동쪽의 모든 중생들을 인자하게 생각하여 부처님의 즐거움을 얻게 해야 한다. 시방도 그러하다. 마음이 더욱 혼란하지 않으면, 이것을 보살의 자삼매문(慈三昧門)이라 말한다.

問曰, 何不一時總念十方衆生.

答曰, 先念一方一心易得, 然後次第周遍諸方.

問曰, 人有怨家恒欲相害, 云何行慈欲令彼樂.

答曰, 慈是心法出生於心, 先從所親, 所親轉增乃及怨家, 如火燒薪盛能然濕.

問曰, 或時衆生遭種種苦, 或在人中, 或地獄中, 菩薩雖慈彼那得樂.

答曰, 先從樂人取其樂相, 令彼苦人得如彼樂. 如敗軍將怖懼失膽, 視彼敵人皆謂勇士.

問曰, 行慈三昧有何善利.

答曰, 行者自念, 出家離俗應行慈心, 又思惟言, 食人信施, 宜行利益如佛所言, 須臾行慈是隨佛教, 則爲入道不空受施, 復次身著染服心應不染, 慈三昧力能令不染. 復次我心行慈, 於破法世, 我有法, 人非法. 衆中, 我有法人如法無惱, 慈定力故. 菩薩行道趣甘露門, 種種熱惱慈涼令樂. 如佛所言. 人熱極時入淸涼池樂. 復次被大慈鎧遮煩惱箭, 慈爲法藥消怨結毒, 煩惱燒心慈能除滅, 慈爲法梯登解脫臺, 慈爲法船渡生死海. 貪[138]善法財 慈爲上寶, 行趣涅槃慈爲道糧. 慈爲駿足度入涅槃, 慈爲猛將越三惡道. 能行慈者消伏衆惡, 諸天善神常隨擁護.

問曰, 若當行人得慈三昧, 云何不失而復增益.

答曰, 學戒淸淨善信倚樂, 學諸禪定一心智慧, 樂處閑靜, 常不放逸少欲知足, 行順慈敎, 節身少食, 減損睡眠初夜後夜思惟不廢, 省煩言語默然守靜, 坐臥行住知時消息, 不令失度致疲苦極. 調和寒溫不令惱亂. 是謂益慈.

문 왜 일시에 총체적으로 시방의 중생을 생각하지 않는가?

답 우선 한 쪽을 생각하면 한마음을 얻기가 쉽다. 그런 뒤에 점차 여러 방향으로 두루 미친다.

문 사람은 원망하는 가문(怨家)이 있으면 항상 서로 해치고자 하는데, 어떻게 인자함을 행하여 그들을 즐겁게 하고자 하는가?

답 인자함은 마음의 법이니 마음에서 나온다. 먼저 가깝게 하려는 데 따르고, 가까워짐이 점차 더하여 원망하는 가문에 미친다. 마치 불이 장작을 태우되 활활 타오르면 습기를 태울 수 있는 것과 같다.

문 혹 중생들이 가지가지의 괴로움을 만나거나, 혹은 사람 가운데 있거나, 아니면 지옥 속에 있다면, 보살이 비록 인자하다고 하지만 그들이 어찌 즐거움을 얻을 수 있겠는가?

---

138) 대정본은 貪이며, 원, 명, 궁본에는 求로 고치다.

답 먼저 음악을 하는 사람을 따라서 그의 즐거워하는 모습을 취하여, 저 괴로워하는 사람으로 하여금 그와 같은 즐거움을 얻게 한다. 마치 패군(敗軍)의 장수가 두려워서 쳐다보지 못하면, 그를 바라보는 적을 사람들이 모두 용사(勇士)라고 말하는 것과 같다.

문 자삼매(慈三昧)를 행하면 어떠한 좋은 이익이 있는가?

답 수행자는 '집을 나오고 세속을 떠나면 마땅히 인자한 마음을 행해야 한다'고 스스로 생각한다. 또한 사유하여 말하되, "재가 신자가 삼보에 바치는 보시로 생활하니, 마땅히 부처님께서 말씀하신 바와 같이 이로운 일을 행해야 한다."고 하며, 잠깐 동안이라도 인자함을 행하면 이것이 부처님의 가르침을 따르는 것이니, 곧 불문(佛門)에 들어가서 헛되이 보시를 받지 않는다.

또한 몸에는 물들인 옷을 걸치고 마음은 청정한 것에 상응하여 자삼매의 힘이 능히 오염되지 않게 한다. 또한 나의 마음으로 인자함을 행하며, 법을 파괴하는 세상에서 나(我)는 법을 지니고, 다른 사람의 법 아닌 것을 지닌다. 무리들 가운데서 내가 법을 지니고, 다른 사람들은 법다워서(如法) 고뇌가 없는 것은 인자함의 선정이 지니는 힘 덕분이다. 보살은 도를 행하여 감로의 문으로 향하고, 인자함으로 가지가지 뜨거운 번뇌를 시원하게 하여 즐겁게 한다.

부처님께서 말씀하신 것처럼, 사람이 지독히 뜨거울 때는 맑고 시원한 연못에 들어가 즐거워하듯, 또한 위대한 인자함의 갑옷을 입으면 번뇌의 화살을 막아주는 것처럼 인자함으로 법의 약을 삼아서 원망과 번뇌의 독을 해소한다. 번뇌는 마음을 태우나니 인자함으로 능히 없앨 수 있다. 인자함을 법의 사다리로 삼아 해탈의 집에 올라가며, 인자함을 법의 배로 삼아 생사의 바다를 건넌다. 훌륭한 법의 재물을 구할 때는 인자함으로 으뜸가는 보배를 삼고, 열반을 향해 가는 데는 인자함으로 도의 양식을 삼는다. 인자함으로 큰 뗏목을 삼아 열반을 건너 들어가고, 인자함을 용감한 장수로 삼아서 삼악도를 뛰어넘는다. 능히 인자함을 행하는 사람은 뭇 악을 녹일 수 있으며, 여러 하늘의 착한 신들이 항상 따라다니며 옹호한다.

문 만일 수행하는 사람이 자삼매(慈三昧)를 얻는 것이 당연하다면, 어떻게 잃어버리지 않고 점점 증진시키는가?

답 계(戒)를 닦아서 맑고 깨끗하며, 잘 믿고 즐거워한다. 여러 가지 선정을 닦아서 한마음이 지혜롭고, 조용한 곳에 살기를 즐거워하며, 항상 제멋대로 하지 않는다. 욕심을 적게 하고 만족함을 알며 행동은 인자한 가르침을 따르며, 몸을 절제하고 음식을 적게 먹으며, 잠자는 것을 줄이고, 초저녁에서 늦은 밤까지 사유하는 것을 멈추지 않으며, 번잡한 언어를 살피고 묵묵하게 고요함을 지키고, 앉고 눕고 가고 머물 때를 알아서 쉬며, 법도를 잃어서 피로와 괴로움이 극도에 이르지 않도록 한다. 차고 따뜻함을 조화시켜 고뇌하고 어지럽지 않게 한다. 이것을 인자함을 더하는 것이라고 말한다.

復次以佛道樂, 涅槃之樂與一切人. 是名大慈. 行者思惟, 現在未來大人, 行慈利益一切. 我亦被蒙. 是我良祐. 我當行慈畢報施恩.

復更念言, 大德慈心愍念一切以此爲樂, 我亦當爾. 念彼衆生令得佛樂·涅槃之樂, 是爲報恩. 復次慈力能令一切心得快樂, 身離熱惱得淸涼樂, 持行慈福念安一切以報其恩. 復次慈有善利, 斷瞋恚法開名稱門, 施主良田生梵天因.

住離欲處除却怨對及鬪諍根, 諸佛稱揚智人愛敬. 能持淨戒生智慧明, 能聞法利功德醍醐決定好人. 出家猛力消滅諸惡, 罵辱不善慈報能伏. 結集悅樂生精進法. 富貴根因辦智慧府. 誠信庫藏諸善法門. 致稱譽法敬畏根本佛正眞道. 若人持惡, 向還自受其殃. 五種惡語·非時語·非實語·非利語·非慈語·非軟語, 是五惡語不能傾動, 一切毒害亦不能傷. 譬如小火不能熱大海(此下應出優塡王持五百發箭). 如毘羅經中優塡王, 阿婆陀那說. 有二夫人. 一名無比, 二名舍迷婆帝. 無比誹謗舍迷婆帝, 舍迷婆帝有五百直人, 王以五百箭欲一一射殺之, 舍迷婆帝語諸直人, 在我後立, 是時舍迷婆帝入慈三昧, 王挽弓射之箭墮足下第二箭還向王脚下. 王大驚怖復欲放箭, 舍迷婆帝語王言, 止止, 夫婦之義是故相語, 若放此箭當直破汝心. 王時恐畏投弓捨射, 問言, 汝有何術. 答言我無異術, 我是佛弟子入慈三昧故也. 是慈三昧略說有三種緣. 生緣·法緣·無緣. 諸未得道, 是名生緣, 阿羅漢辟支佛, 是名法緣, 諸佛世尊是名無緣. 是故略說慈三昧門.

또한 불도(佛道)의 즐거움과 열반의 즐거움을 일체의 사람에게 주는 것을 크게 인자함(大慈)이라 이름한다. 수행자는 이렇게 사유한다. '현재와 미래의 위대한 사람은 인자함을 행하여 일체를 이롭게 한다. 나도 역시 은혜를 입었다. 이것이 나를 어질게 도왔다. 나도 마땅히 인자함을 행하여 마침내 은혜를 베풀어 준 것에 보답해야만 한다.'

또 다시 생각하여 말한다. "대덕(大德)은 인자한 마음으로 일체의 중생을 가엾게 생각하고 이것으로 즐거움을 삼으며, 나도 마땅히 그렇게 한다. 저 중생들을 생각하여 부처님의 즐거움과 열반의 즐거움을 얻게 하리니, 이것이 은혜에 보답하는 것이다. 또한 인자함의 힘은 능히 일체 중생들로 하여금 마음으로 쾌락을 얻게 하며, 몸은 뜨거운 고뇌를 여의고 맑고 시원한 즐거움을 얻게 하고, 인자함을 행하는 복덕을 지니고 일체의 편안함을 생각하여 그 은혜에 보답한다. 또한 인자함에는 좋은 이익이 있으니, 성내는 법을 끊고 명칭의 문을 열며, 좋은 밭을 시주하는 것이며, 범천에 태어나는 원인이다.

욕심을 여읜 곳에 머물며 원망과 대립 그리고 투쟁의 뿌리를 없애버리므로, 제불(諸佛)이 칭찬하고 지혜로운 사람들이 사랑하고 공경한다. 능히 청정한 계율을 지녀 지혜의 밝음을 일으키고, 능히 법의 이로움을 들은 공덕의 제호(醍醐)는 좋은 사람을 결정(決定)한다. 출가의 용감한 힘으로 여러 가지 악을 소멸하고, 욕설을 퍼부어 욕보이는 착하지 않음도 인자함으로 능히 항복시킬 수 있다. 열락(悅樂)을 결집하여 정진법을 일으킨다. 부귀의 근본 원인은 지혜의 창고를 갖추는 것이다. 성실과 믿음의 창고는 여러 가지 훌륭한 법문이다.

칭예법(稱譽法)을 성취하여 근본적인 부처님의 바르고 참다운 길을 받들고 두려워〔敬畏〕한다. 만일 사람이 악을 지니고, 그것을 지향하면 도리어 스스로 그 재앙을 받는다. 다섯 가지 나쁜 말이 있으니, 때가 아닌 데 하는 말, 진실하지 않은 말, 이롭지 않은 말, 인자하지 않은 말, 부드럽지 않은 말이다. 이 다섯 가지 나쁜 말은 사람을 감동시킬 수 없다. 일체의 독해(毒害)도 역시 상처를 입힐 수 없다. 예컨대 작은 불로 커다란 바다를 뜨겁게 할 수 없는 것과 같다〔이 아래는 우전왕(優塡王)이 오백 대의 화살을 가지고 쏘았다는 것에서 나온 것이다〕."

『비라경(毘羅經)』 속에 나오는 우전왕(優塡王)을 비유(阿波陀那)[139] 하여 말한 것과 같다. "두 명의 부인이 있었는데, 첫째는 무비(無比)라 하고, 둘째는 사미파제(舍迷婆帝)라 했다. 무비는 사미파제를 비방했다. 사마파제에게는 오백 명의 시종들이 있었다. 임금은 오백 대의 화살로 한 명 한 명 쏘아 죽이고자 했다. 사미파제는 여러 시종들에게 말했다. '나의 뒤에 서라.' 이 때 사미파제는 자삼매(慈三昧)에 들어갔다. 임금은 활을 당겨 쏘았으나 화살은 발아

139) 우전(優塡)은 교상미국(憍賞彌國)의 왕 이름이다. 아파타나(阿波陀那)는 비유(譬喩)로 번역한다.

래 떨어졌다. 두 번째 화살은 도리어 임금의 다리 아래로 향했다. 임금이 크게 놀랐으나 다시 화살을 쏘려고 했다. 사미파제는 임금에게 아뢰었다.

'그만 두십시오. 그만 두십시오. 부부의 도리는 서로 말하는 것입니다. 만일 이 화살을 쏜다면 이제 곧 당신의 심장을 부술 것입니다.' 임금은 그 때 두려워하며 활과 화살을 버렸다. '그대는 어떠한 술법을 지니고 있는가?' 묻자, '저는 다른 술법이 없습니다. 저는 부처님의 제자로서 자삼매에 들어갔기 때문입니다.' 라고 대답했다."

이 자삼매를 간략하게 설명하면 세 가지 반연(三緣)[140]이 있는데, 즉 생연(生緣) · 법연(法緣) · 무연(無緣)이다. 아직 얻지 못한 여러 가지 도는 생연이라 이름하며, 아라한과 벽지불은 법연이라 하고, 제불 세존은 무연이라 한다. 그러므로 간략하게 자삼매문이라고 설명한다.

---

140) 삼연(三緣)의 자비에 대해서는 경론(經論)에 따라 차이가 있으며, 그 하나의 뜻에 의하면 생연(生緣)은 일체 중생이 인연하여 자비를 일으키는 것. 법연(法緣)은 중생이 공(空)과 무아(無我)의 이치를 몰라서 자아의 견해를 일으키는 것을 불쌍히 여기는 마음을 일으키는 자비를 말하며, 무연(無緣)은 중생이 제법의 실상을 몰라서 그릇된 생각을 하는 것을 불쌍히 여기는 마음을 일으키는 자비이다.

4. 보살도(菩薩道)의 인연관(因緣觀)

行菩薩道者, 於三毒中若愚癡偏多, 當觀十二分破二種癡. 內破身癡外破衆生癡. 思惟念言, 我及衆生俱在厄難. 常生, 常老, 常病, 常死, 常滅, 常出. 衆生可憐, 不知出道, 從何得脫. 一心思惟, 生老病死從因緣生. 當復思惟, 何因緣生. 一心思惟, 生因緣有, 有因緣取, 取因緣愛, 愛因緣受, 受因緣觸, 觸因緣六入, 六入因緣名色, 名色因緣識, 識因緣行, 行因緣無明. 如是復思惟, 當何因緣滅生老死. 一心思惟, 生滅故老死滅, 有滅故生滅, 取滅故有滅, 愛滅故取滅, 受滅故愛滅, 觸滅故受滅, 六入滅故觸滅, 名色滅故六入滅, 識滅故名色滅, 行滅故識滅, 癡滅故行滅.

보살도를 행하는 사람이 삼독 가운데에서 만일 어리석음이 치우치게 많다면 마땅히 십이인연(十二因緣)을 관(觀)하여 두 가지 어리석음을 타파해야만 한다. 안으로 몸의 어리석음을 타파하고 바깥으로 중생의 어리석음을 타파한다. 사유하고 생각해서 말하되, "나와 중생은 함께 재액(災厄)의 어려움 속에 있다. 항상 태어나고 항상 늙으며, 항상 병들고 항상 죽으며, 항상 멸하고 항상 나온다. 중생은 가엾어서 세간을 떠나 깨달음(涅槃)으로 들어가는 것을 알지 못하니, 무엇을 좇아서 벗어날 것인가?' 한마음으로 '태어나고 늙고 병들고 죽는 것은 인연을 따라서 생긴다.' 라고 사유하라. 마땅히 다시 '어떤 인연으로 생기는가?' 라고 사유하라.

한마음으로 '생의 인연은 유(有)이고, 유의 인연은 취(取)이며, 취의 인연은 애(愛)이고, 애의 인연은 수(受)이다. 수의 인연은 촉(觸)이고, 촉의 인연은 육입(六入)이며, 육입의 인연은 명색(名色)이다. 명색의 인연은 식(識)이고, 식의 인연은 행(行)이며, 행의 인연은 무명(無明)이다.' 라고 사유하라.[141]

이와 같이 다시 '마땅히 어떠한 인연으로 소멸하고 태어나며 늙고 죽는가?' 라고 사유하라. 한마음으로 '태어남〔生〕이 소멸하기 때문에 늙고 죽는〔老死〕 것이 소멸하며, 유(有)가 소멸하기 때문에 태어남〔生〕이 소멸한다. 취(取)가 소멸하기 때문에 유(有)가 소멸하며, 애(愛)가 소멸하기 때문에 취(取)가 소멸한다.

수(受)가 소멸하기 때문에 애(愛)가 소멸하며, 촉(觸)이 소멸하기 때문에 수(受)가 소멸한다. 육입(六入)이 소멸하기 때문에 촉(觸)이 소멸하며, 명색(名色)이 소멸하기 때문에 육입(六入)이 소멸한다. 식(識)이 소멸하기 때문에 명색(名色)이 소멸하고, 행(行)이 소멸하기 때문에 식(識)이 소멸하고, 어리석음〔癡〕이 소멸하기 때문에 행(行)이 소멸한다.' 라고 사유하라."

141) 먼저 12인연(十二因緣)을 총체적으로 관찰하여 본다.

(1) 12인연(因緣)

① 무명(無明)

此中十二分云何. 無明分不知前不知後不知前後, 不知內不知外不知內外, 不知佛不知法不知僧, 不知苦不知習不知盡不知道, 不知業不知果不知業果, 不知因不知緣不知因緣, 不知罪不知福不知罪福, 不知善不知不善不知善不善, 不知有罪法不知無罪法, 不知應近法不知應遠法, 不知有漏法不知無漏法, 不知世間法不知出世間法, 不知過去法不知未來法, 不知現在法, 不知黑法, 不知白法, 不知分別因緣法, 不知六觸法不知實證法. 如是種種不知 · 不慧 · 不見闇黑無明, 是名無明.

이 가운데서 십이인연(十二因緣)은 무엇인가? 무명분(無明分)은 앞도 모르고 뒤도 모르며 앞뒤도 모른다. 안도 모르고 바깥도 모르며 안팎도 모른다. 부처님도 모르고 법도 모르며 승가도 모른다. 괴로움도 모르고, 습(習)도 모르며 진(盡)도 모르고 도(道)도 모른다. 업도 모르고 과보도 모르며 업과 과보도 모른다. 인도 모르고 연도 모르며 인연도 모른다. 죄도 모르고 복도 모르며 죄와 복도 모른다. 선도 모르고 악도 모르며 선과 악도 모른다. 유죄법(有罪法)도 모르고 무죄법(無罪法)도 모르며, 마땅히 가까이 해야 할 법도 모르고 마땅히 멀리해야 할 법도 모른다. 유루법도 모르고 무루법도 모른다. 세간법도 모르고 출세간법도 모른다. 과거의 법도 모르고 미래의 법도 모르며, 현재의 법도 모른다. 흑법(黑法)[142]도 모르고, 백법(白法)도 모른다. 인연을 분별하는 법도 모르고 육촉법(六觸法)[143]도 모르고 참답게 깨닫는 법도 모른다.

이와 같이 가지가지로 알지 못하고, 지혜롭지 못하여, 어둡고 캄캄하여 밝지 않아 보지 못하니, 이것을 무명(無明)이라고 한다.

② 의도적 행위〔行〕

無明緣行, 云何名行. 行有三種, 身行 · 口行 · 意行. 云何身行. 入息出息是身行法. 所以者何, 是法屬身故名身行. 云何口行, 有覺有觀是, 作覺觀已然後口語, 若無覺觀則無言說, 是謂口行. 云何意行〈痛名世界人所著三種痛痛應爲受受則隨界 受苦樂 上界所無故 宜言受想出家所患也〉. 痛[144]想是意法, 繫屬意故, 是名意行. 復次欲界繫行, 色界繫行, 無色界繫行. 復次善行 · 不善行 · 不動行. 云何善行, 欲界一切善行亦色界三地. 云何不善行, 諸不善法. 云何不動行, 第四禪有漏善行及無色定善有漏行. 是名行.

무명(無明)을 반연하여 행(行)이 있다. 무엇을 행이라 이름하는가? 행(行)에는 세 가지가 있으니, 신행(身行) · 구행(口行) · 의행(意行)이다. 무엇이 신행인가? 들숨과 날숨이 신행법(身行法)이다.

---

142) 흑법(黑法)은 악법(惡法)이고, 백법(白法)은 선법(善法)이다.

143) 육촉법(六觸法)은 촉(觸)을 심소〔心所: 마음부수〕의 6방면(方面)으로, 안촉(眼觸) · 이촉(耳觸) · 비촉(鼻觸) · 설촉(舌觸) · 신촉(身觸) · 의촉(意觸)이다.

144) 痛은 신역(新譯)으로 受이다.

왜냐하면 이 법은 몸에 속하기 때문에 신행이라고 이름한다. 무엇이 구행인가? 유각(有覺)과 유관(有觀)[145]이다. 이것은 각(覺)과 관(觀)[146] 을 지은 이후에 입으로 말한다. 만일 각과 관이 없으면 말할 수 없다. 이것을 구행이라 말한다. 무엇이 의행인가? 〔통(痛)은 세상사람이 집착하는 세 종류의 통을 이름한다. 통은 수(受)를 이르니, 수는 즉 경계에 따라 고락을 받는다. 상계(上界)에는 없으므로 이것은 수상(受想)이 출가의 고통을 말한 것이다.〕 통(痛)과 상(想)[147]이 의법(意法)이다. 마음에 속하기 때문에 이것을 의행이라고 이름한다. 또한 욕계에 얽매이는 행위〔繫行〕· 색계에 얽매이는 행위〔繫行〕· 무색계에 얽매이는 행위〔繫行〕이다.

또한 선행(善行) · 불선행(不善行) · 부동행(不動行)이 있다. 무엇이 선행인가? 욕계의 일체 선행과 또한 색계의 삼지(三地)이다. 무엇이 불선행인가? 여러 가지 착하지 않은 법이다. 무엇이 부동행인가? 제사선(第四禪)의 유루의 선행과 무색정(無色定)의 선한 유루행이다. 이것을 행이라고 한다.

---

145) 유각(有覺)과 유관(有觀)은 신역의 유심(有尋), 유사(有伺)〔미세한 사고작용을 가지는 것〕로서 분별하고 추구하는 마음작용의 거친 것을 깨닫는 것을 말하고, 세세한 것을 관(觀)하는 것을 말한다.

146) 여기서 각(覺)과 관(觀)은 〔앞의 주〕에 참조.

147) 여기서 통(痛)은 vedanā의 역어로 受〔느낌〕로 정착이 되었다. 상(想)은 saṃjñā의 역어이며 인식을 뜻한다.

③ 알음알이〔識〕

行因緣識. 云何名識, 六種識界眼識乃至意識, 是名六識.

행(行)을 인연하여 식(識)이 있다. 무엇을 식이라고 하는가? 여섯 가지 식(識)의 세계가 있으며, 안식(眼識) 내지 의식(意識) 이것을 여섯 가지 식이라고 한다.

④ 정신-물질〔名色〕

識因緣名色. 云何爲名, 無色四分痛 · 想 · 行 · 識, 是謂名. 云何爲色, 一切色, 四大及造色是謂色. 云何四大, 地 · 水 · 火 · 風. 云何地, 堅重相者地, 濡濕相者水, 熱相者火, 輕動相者風, 餘色可見有對 · 無對是名造色. 名色和合是謂名色.

식(識)을 인연하여 명색(名色)이 있다. 무엇을 명(名)이라고 하는가? 비물질〔無色〕의 사분 즉 느낌〔痛〕 · 인식〔想〕 · 심리현상들〔行〕 · 알음알이〔識〕이다. 이것을 명(名)이라고 말한다. 무엇을 물질〔色〕이라고 하는가? 일체의 색은 근본 물질〔四大〕[148]과 파생된 물질〔造色〕이다. 이것을 색이라고 말한다. 무엇이 사대인가? 땅 · 물 · 불 · 바람이다. 무엇이 땅인가? 단단하고 무거운 모양은 땅이요, 부드럽

148) 사대(四大)는 물질의 근본요소이며 원소로부터 만들어진 물질로 사대(四大)에 의해 만들어진 유형의 물질을 가리킨다.

게 적시는 모양은 물이다. 뜨거운 모양은 불이요, 가볍게 움직이는 모양은 바람이다. 나머지 물질의 볼 수 있고 마주하거나 마주하지 않는 것 이것을 파생된 물질〔造色〕이라고 한다. 정신작용과 물질이 화합하면 이것을 명색(名色)이라고 한다.

⑤ 여섯 감각장소〔六入〕

名色因緣六入. 云何六入. 內六入眼內入乃至意內入, 是名六入.

명색(名色)을 인연하여 육입(六入)이 있다. 무엇이 육입인가? 안의 육입(六入), 즉 눈의 내입(內入) 또는 의식의 내입이며, 이것을 육입이라고 말한다.

⑥ 감각접촉〔觸〕

六人因緣觸. 云何觸, 六種觸界. 眼觸乃至意觸. 云何眼觸. 眼緣色生眼識, 三法和合 是名眼觸, 乃至意觸亦如是.

육입(六入)을 인연하여 촉(觸)이 있다. 무엇이 촉인가? 여섯 가지 촉의 세계가 있다. 눈의 촉감 또는 의식의 촉감이다. 무엇이 눈의 촉감인가? 눈은 물질에 연유하여 안식(眼識)을 발생한다. 세 가지 존재가 화합하면 이것을 눈의 촉감이라고 한다. 의식의 촉감도 마찬가지이다.

⑦ 느낌(受)

觸因緣受. 云何受, 三種受樂 · 受苦 · 受不苦不樂受. 云何樂受, 愛使. 云何苦受, 恚使. 云何不苦不樂受, 癡使. 復次樂受生樂住樂滅苦, 苦受生苦住苦滅樂, 不苦不樂受不知苦不知樂.

촉(觸)을 인연하여 수(受)가 있다. 무엇이 수인가? 세 가지 수(受)가 있다. 낙수(樂受) · 고수(苦受) · 불고불락수(不苦不樂受)이다. 무엇이 낙수인가? 애착하는 번뇌(愛使)[149]이다. 무엇이 고수인가? 성냄의 번뇌(恚使)이다. 무엇이 불고불락수인가? 어리석음의 번뇌(癡使)이다. 또한 낙수는 즐거움을 일으켜서 즐거움에 머물며 괴로움을 소멸시키는 것이다. 고수는 괴로움을 일으켜 괴로움에 머물며 즐거움을 소멸시키는 것이다. 불고불락수는 괴로움도 모르고 즐거움도 모르는 것이다.

⑧ 갈애(愛)

受因緣愛. 云何愛, 眼觸色生愛, 乃至意觸法生愛.

수(受)를 인연하여 애(愛)가 있다. 무엇이 애인가? 눈은 물질을 감촉해서 갈애를 낳는다. 또는 의식은 존재를 감촉해서 갈애를 낳

149) 사(使)는 신역으로 수면(隨眠)이라 말하고, 한정(限定)하면 다른 설이지만 대체로 번뇌의 다른 이름으로 볼 수 있다.

는다.

⑨ 취착〔取〕

愛因緣取. 云何取, 欲取 · 見取 · 戒取 · 我語取.

애(愛)를 인연하여 취(取)가 있다. 무엇이 취(取)인가? 욕취(欲取) · 견취(見取) · 계취(戒取) · 아어취(我語取)이다.

⑩ 존재〔有〕

取因緣有. 云何有, 三種有. 欲有 · 色有 · 無色有. 下從阿鼻大泥梨[150] 上至他化自在天, 是名欲有, 及其能生業. 云何色有. 從下梵世上至阿迦尼吒天, 是名色有. 云何無色有, 從虛空乃至非有想非無想處, 是名無色有.

취를 인연하여 유(有)가 있다. 무엇이 유(有)인가? 세 가지 유〔三種有〕[151]가 있다. 욕유(欲有) · 색유(色有) · 무색유(無色有)이다. 아래로는 큰 아비지옥으로부터 위로는 타화자재천(他化自在天)[152]에 이르기까지 이것을 욕유라고 한다. 그리고 그것은 업을 발생시킬 수 있다. 무엇이 색유인가? 아래로는 범(梵)의 세계[153]로부터 위로는 아

---

150) 아비대니리(阿鼻大泥梨)는 아비대지옥(阿鼻大地獄)이다.
151) 이 삼유(三有)는 삼계(三界)이며, 생사를 반복하는 미혹의 세계이다.
152) 타화자재천(他化自在天)은 욕계 최상(最上)의 하늘이다.

가니타천[有頂天]에 이르기까지 이것을 색유라고 한다. 무엇이 무색유인가? 허공[154]으로부터 비유상비무상처에 이르기까지 이것을 무색유라고 한다.

⑪ 태어남[生]

有因緣生. 云何生, 種種衆生處處生出, 有受陰得持得入得命, 是名生.

유를 인연하여 태어남이 있다. 무엇이 태어남인가? 가지가지 중생들이 여기저기에서 태어나 오온[陰]을 받아서[155] 지(持)를 얻고 입(入)을 얻고 생명을 얻는다. 이것을 태어남이라고 한다.

⑫ 늙음-죽음[老死]

生因緣老死. 云何老, 齒落髮白多皺, 根熟根破氣噎, 身傴拄 杖行步, 陰身朽故, 是名老. 云何死, 一切衆生處處退落墮滅, 斷死失壽命盡, 是名死. 先老後死故名老死.

是中十二因緣. 一切世間非無因緣邊, 非天邊, 非人邊, 非種種等邪緣邊出. 菩薩觀十二因緣, 繫心不動不令外念. 外念諸緣攝之令還.

---

153) 범세(梵世)는 범천(梵天)으로 색계의 최하(最下), 아가니타천(阿迦尼吒天)은 색계의 최고(最高)의 하늘이다.

154) 허공(虛空)은 무색계의 최하(最下)의 공무변처(空無邊處)를 이른다.

155) 수음(受陰)은 범부의 오온(五蘊)이며, 지(持)는 18계(十八界)이며, 입(入)은 12처(十二處)이고, 명(命)이다.

생을 인연하여 늙고 죽음이 있다. 무엇이 늙는 것인가? 이가 빠지고 머리카락이 희어지며 주름이 많다. 기능이 물러지고 파괴되어 기운이 막힌다. 등이 굽어 지팡이를 짚고서 걸음을 옮긴다. 오음과 신체가 낡았기 때문이다. 이것을 늙는다고 한다. 무엇이 죽음인가? 일체의 중생은 곳곳에서 약해져서 소멸한다. 끊어지고 죽고 사라져 수명이 다하는 것을 죽음이라고 말한다. 먼저 늙고 뒤에 죽기 때문에 늙고 죽음〔老死〕이라고 한다.

이것은 십이인연(十二因緣)에 일치한다. 일체 세간은 인연의 변두리 아닌 것이 없다. 하늘의 변두리가 아니며, 사람의 변두리도 아니고, 여러 가지 삿된 인연의 변두리에서 나오는 것도 아니다. 보살은 십이인연을 관하되, 마음을 묶어서 동요하지 않으며 생각을 벗어나지 않게 한다. 바깥으로 여러 반연을 생각하면 그것을 추슬러 되돌아오게 한다.

(2) 12인연(因緣)의 공(空)을 관(觀)함

觀十二分生三世中, 前生 · 今生 · 後生. 菩薩若得心住, 當觀十二分空無有主. 癡不知我作行, 行不知我從癡有, 但無明緣故行生. 如草木種, 從子芽出子亦不知我生芽, 芽亦不知從子出. 乃至老死亦復如是. 是十二分中一一, 觀知無主無我, 如外草木無主. 但從倒見計有吾我.

問曰, 若無吾我無主無作, 云何去來言說死此生彼.

答曰, 雖無吾我, 六情[156]作因, 六塵作緣, 中生六識. 三事和合故觸法生念知諸業. 由是去來言說從是有生死. 譬如日愛珠, 因日乾牛屎和合方便故火出. 五陰亦爾. 因此五陰生 後世五陰出, 非此五陰至後世. 亦不離此五陰得後世五陰. 五陰但從因緣出. 譬如穀子中芽出. 是子非芽, 亦非餘芽邊生, 非異非一. 得後世身亦爾. 譬如樹未有莖 · 節 · 枝 · 葉 · 華 · 實, 得時節因緣華葉具足. 善惡行報亦復如是. 種子壞故非常非一, 芽 · 莖 · 葉等生故不斷不異. 死生相續亦復如是. 行者謂法[157]無常 · 苦 · 空 · 無我 · 自生 · 自滅, 知因愛等有, 知因滅是盡, 知盡是道. 以四種智知十二分, 是正見道. 衆生爲縛著所誑, 如人有無價寶珠, 不別其眞爲他欺誑. 是時菩薩發大悲心, 我當作佛以正眞法化彼衆生令見正道.

십이인연(十二因緣)이 삼세(三世), 즉 전생(前生) · 금생(今生) · 후생(後生) 속에서 발생하는 것임을 관한다. 보살이 만일 마음의 머무름을 얻으면, 마땅히 십이인연은 공(空)이요, 주체가 있을 수 없다고 관해야 한다. 어리석음은 내가 행을 짓는 것을 모른다. 행은 내가 어리석음을 따라 존재하는 것을 모른다. 다만 무명으로 말미암기 때문에 행이 생긴다. 초목의 씨앗처럼 종자에서 싹이 나온다. 종자 역시 내가 싹에서 생긴 것을 모른다. 싹도 역시 종자에서 나온 것을 모른다. 나아가 늙고 죽음까지도 또한 이와 같다. 이 십이인연

156) 육정(六情)은 육식(六識), 육진(六塵)은 육경(六境)의 구역(舊譯)이다.
157) 대정본은 謂法이며 원, 명, 궁본에는 知諸法으로 고치다.

가운데에 하나하나가 주체도 없고 나도 없음〔無我〕을 관하여 안다. 바깥의 초목은 주인이 없는 것과 같다. 다만 뒤집힌 견해에 따라 내가 있다고 헤아린다.

문 만일 내가 없고〔無我〕 주체도 없으며〔無主〕 만드는 자도 없다〔無作〕면 어떻게 오고 가며 이것을 죽이고 저것을 태어나게 한다고 말하는가?

답 비록 내가 없지만, 육정(六情)이 씨앗〔因〕을 만들고 육진(六塵)이 주변 조건〔緣〕을 만드는 가운데서 육식(六識)이 생긴다. 세 가지 사안이 화합하기 때문에 감촉과 인식의 대상이 생기며 여러 업을 파악하여 안다. 이 오고 감에 의지하여 이로부터 생사가 있다고 말한다. 예컨대 해가 구슬〔珠〕을 애착하듯이 해와 마른 쇠똥이 화합하는 방편 때문에 불이 난다. 오음(五陰)도 역시 그렇다. 이 오음이 생겼기 때문에 후세에 오음이 나오더라도 이 오음은 후세에 이르지 않는다. 또한 이 오음을 여의고서 후세에 오음을 얻는 것이 아니다.

오음(五陰)은 다만 인연에 따라서 나온다. 예컨대 곡식의 씨앗 속에서 싹이 나오는 것과 같다. 이 씨앗은 싹이 아니며, 또한 나머지 싹의 주변에서 생기는 것도 아니다. 다른 것도 아니고 동일한 것도 아니다. 후세에 몸을 얻는 것도 역시 그렇다. 예컨대 나무에 아직 줄기 · 마디 · 가지 · 잎 · 꽃 · 열매가 없으면, 시절 인연을 얻어서 꽃과 잎을 다 갖춘다. 선행과 악행의 과보도 또한 이와 같다. 씨앗이 허물어지기 때문에 항상하는 것도 아니며 동일한 것도 아니다. 싹·줄기·잎 등이 생기기 때문에 끊어지는 것도 아니고 다른 것도 아니다. 죽고 태어나며 상속하는 것도 역시 그렇다. 수행자는 모든 존재가 무상·고·공·무아이며, 스스로 태어나고, 스스로 소멸한다는 것을 알고, 애착 등 때문에 존재하는 것을 안다. 소멸로 인하여 이것이 다하는 것을 알고, 이것을 소진(消盡)하는 방법을 안다. 이 네 가지 지혜로써 십이인연을 알면 이것이 정견(正見)의 길이다. 중생은 사로잡히고 집착하기 때문에 미쳐 버린다. 사람이 값을 헤아릴 수 없는 보주(寶珠)를 지니고 있으나, 그것의 진가를 알아차리지 못하고 남에게 속임을 당하는 것과 같다. 이 때 보살은 '내 마땅히 부처가 되어 바르고 진실한 법으로 저 중생들을 교화하고 올바른 길을 보게 하리라' 고 크게 인자한 마음을 발한다.

(3) 12인연(因緣)의 실상(實相)을 관(觀)함

問曰, 如摩訶衍般若波羅蜜中言. 諸法不生·不滅·空·無所有·一相·無相, 是名正見. 云何言無常等觀名爲正見.

答曰, 若摩訶衍中說諸法空無相, 云何言無常·苦·空等不實. 若言不生·不滅·空是實相者不應言無相. 汝言前後不相應. 復次佛說四顚倒. 無常中常顚倒亦有道理, 一切有爲無常, 何以故, 因緣生故, 無常因無常緣所生果云何常. 先無而今有, 已有便無. 一切衆生皆見無常, 內有老病死, 外見萬物凋落. 云何言無常不實.

問曰, 我不言有常爲實無常爲不實, 我言有常無常俱是不實, 何以故, 佛言, 空中有常無常二事不可得, 若著此二事是俱顚倒.

答曰, 汝言不與法相應, 何以故, 言無法云何復言二俱顚倒, 一切空無所有是爲實不顚倒. 若我破有常著無常, 我法應破而不實我. 有常顚倒破故觀無常. 何以故, 無常力能破有常. 如毒能破餘毒, 如藥除病藥亦俱去. 當知藥妙能除病故. 若藥不去後藥爲病. 此亦如是. 若無常法著應當破不實故. 我不受無常法云何破. 佛言, 苦是四眞諦中言實苦, 誰能使樂. 苦因是實因, 誰能令非因. 苦盡是實盡, 誰能令不盡. 盡道是實道, 誰能令非道. 如日或可令冷, 月或可令熱風可令不動是四眞諦終不可動轉. 汝於摩訶衍中不能了, 但著言聲. 摩訶衍中諸法實相. 實相不可破, 無有作者. 若可破可作此非摩訶衍. 如月初生一日二日. 其生時甚微細有明眼人能見指示不見者, 此不見人但視其指而迷於月. 明者語言, 癡人, 何以但視我指. 指爲月緣, 指非彼月. 汝亦如是, 言音非實相, 但假言表實理. 汝更著言聲闇於實相.

문 대승의 반야바라밀〔마하연(摩訶衍)은 대승(大乘)이고 반야바라밀다(般若波羅蜜多)는 지혜(智慧)의 완성으로 번역한다.〕 가운데서 말하는 것과 같이, 일체의 존재는 생기는 것도 아니요〔不生〕, 소멸하는 것도 아니며〔不滅〕, 공(空)이요, 무소유이며, 일상(一相)이요, 무상(無相)이다. 이것을 정견(正見)이라고 하는데, 왜 무상 등의 관법을 일컬어 정견이라고 말하는가?

답 만일 대승 가운데서 일체 존재의 공(空)과 무상(無相)을 설명하면, 왜 무상(無常) · 고(苦) · 공(空) 등이 진실하지 않은 것이라고 말하는가? 만일 불생 · 불멸 · 공이 참다운 모습〔實相〕이라면 마땅히 모습이 없다〔無相〕고 말해서는 안 된다. 그대의 말은 앞뒤가 서로 맞지 않는다. 또한 부처님께선 네 가지 전도(顚倒)를 말씀하셨다. 무상(無常) 가운데 항상 전도하는 것 또한 도리(道理)가 있으며, 일체의 유위법은 늘 변한다. 왜냐하면 인연으로 생기기 때문이다. 무상한 씨앗〔因〕과 무상한 주변조건〔緣〕이 발생시키는 결과를 어떻게 항상하다고 하는가? 먼저는 없었는데 지금은 있으며, 이미 있던 것이 문득 없어진다. 일체의 중생은 모두 항상하지 않음을 본다. 안으로 늙고 병들고 죽음이 있으며, 바깥으로는 만물이 시들어 떨어지는 것을 본다. 어찌하여 무상(無常)이 진실하지 않은 것이라고 말하는가?

문 나는 항상하는 것〔常〕이 진실이고 항상하지 않는 것〔無常〕이 진실하지 않은 것이라고 말하지 않았으며, 나는 항상하고, 항상하지 않는 것이 모두 진실하지 않다고 말한다. 이유가 무엇인가? 부처님께서 "공(空) 가운데의 항상함과 항상하지 않음의 두 가지 사안은 얻을 수 없다. 만일 이 두 가지 사안에 집착한다면 이것은 둘 다 전도된 것이다."라고 말씀하셨기 때문이다.

답 그대의 말은 법과 서로 맞지 않는데, 무슨 까닭인가? 법이 없다고 말한다면 어째서 다시 두 가지가 함께 전도되었다고 말하는가? 일체가 공하여, 존재하지 않는 일이 없는 이것은 진실로 전도된 것이 아니다. 만일 내가 항상함을 부숴버리고 항상하지 않음에 집착한다면 나의 법은 마땅히 파괴되어야 하니, 진실로 나(我)는 아니기 때문에 항상 전도하는 것을 깨뜨리기 때문에 무상을 관(觀)한다. 왜냐하면, 무상의 힘은 능히 항상함을 깨뜨릴 수 있기 때문이다. 마치 독이 능히 그 밖의 독을 깨뜨릴 수 있는 것과 같고, 약으로 병을 제거하면 약도 함께 버리는 것과 같다. 마땅히 약이라는 것이 병을 미묘하게 치유할 수 있다는 것을 알기 때문이다. 만일 병이 낫고서도 약을 버리지 않으면 뒤에는 약이 병이 된다. 이것도 역시 그렇다. 만일 무상법(無常法)에 집착한다면 마땅히 실답지 않은 것을 깨뜨려야 하기 때문이다. 내가 무상법을 수용하지 않으면 어떻게 깨뜨릴 것인가?

부처님께서 말씀하셨다. 고(苦)는 네 가지 성스러운 진리 가운데서 진실로 괴로움이라고 말한다. 누가 능히 약을 사용하겠는가? 고인(苦因)은 참다운 원인인데, 누가 능히 원인이 아니라고 하겠는가? 고진(苦盡)은 진실로 소진하는 것인데, 누가 능히 소진하지 않게 하겠는가? 진도(盡道)는 참다운 길인데, 누가 능히 길이 아니라고 하겠는가? 해(日)는 혹여 차게 할 수 있고, 달(月)은 혹여 뜨겁게 할 수 있으며, 바람은 혹여 움직이지 않게 할 수 있다 하더라도 이 네 가지 성스러운 진리는 끝내 움직이거나 변화시킬 수 없는 것과 같다.

그대는 대승 가운데서 요달(了達)하지 못하고, 단지 말소리에만 집착할 뿐이다. 대승 가운데 일체 존재의 참다운 모습(諸法實相)의 참다운 모습(實相)은 깨뜨릴 수 없으며 만드는 주체(作者)도 없다. 만일 깨뜨릴 수 있고 만들 수 있다면 이것은 대승이 아니다. 마치 달이 처음 생겨서 하루 이틀이 되는 것과 같다. 그것이 생길 때는 매우 미세하여 밝은 눈을 지니고 있는 사람만이 볼 수 있고, 보이지 않는 사람에게 가리켜 보이지만, 이 보이지 않는 사람은 단지 그 손가락을 볼 뿐 달을 못 보고 헤맨다. 눈 밝은 사람은 말한다. "어리석은 사람은 왜 단지 나의 손가락만 볼 뿐인가? 손가락으로 달의 반연을 삼지만 손가락은 저 달이 아니다. 그대도 역시 이와 같아서, 말소리는 참다운 모습이 아니다. 다만 말을 빌려서 참다운 이치를 표현할 뿐이다. 그대는 더욱 말소리에 집착하여 참다운 모습에는 어둡다."

(4) 12인연(因緣)과 4제(諦)와의 관계

行若得如是正知見, 觀十二分和合爲因果二分. 果時十二分爲苦諦. 因時十二分爲習諦. 因滅是盡諦, 見因果盡是道諦. 四種觀果無常 · 苦 · 空 · 無我. 四種觀因集 · 因 · 緣 · 生.

問曰, 果有四種但名苦諦, 餘者無諦名也.

答曰, 若言無常諦復疑苦諦亦疑, 無我諦亦疑一種難處. 復次若言無常諦無咎, 空 · 非我諦亦無咎. 若無常 · 苦 · 空 · 無我諦於說爲重故, 是故於四說一.

問曰, 苦有何異相於三中獨得名.

答曰, 苦是一切衆生所厭患, 衆生所怖畏無常不爾. 或有人爲苦所逼思得無常, 無有欲得苦者.

問曰, 有人欲得捉刀自殺, 針灸苦藥入賊. 如是種種非求苦也.

答曰, 非爲欲得苦, 欲存大樂, 畏苦故取死. 苦爲第一患樂爲第一利. 以是故離實苦得快樂. 是故佛以果分獨名苦諦, 非無常 · 空 · 無我諦.

수행자가 만일 이와 같이 바른 지견(知見)을 얻는다면, 십이인연의 화합을 관하여 원인과 결과의 두 가지 인연으로 삼는다. 결과일 때의 십이인연은 고제(苦諦)이다. 원인일 때의 십이인연은 습제(習諦: 集諦)이다. 원인이 소멸할 때는 이것이 진제(盡諦)이며, 원인과 결과가 없어지는 것을 보는 것이 도제(道諦)이다. 네 가지로 결과를 관하면 무상 · 고 · 공 · 무아이며, 네 가지로 원인을 관하면 집(集) · 인(因) · 연(緣) · 생(生)이다.

문 결과에는 네 가지가 있는데 단지 고제(苦諦)라 이름할 뿐이다. 그렇다면 그 밖의 것은 진리의 이름이 없는가?

답 만일 무상의 진리라고 말하더라도 의심스럽고, 고의 진리라 해도 역시 의심스러우며, 무아의 진리라 해도 역시 의심스럽다면 똑같이 곤란하다. 또한 무상의 진리가 티끌이 없다고 말한다면, 공과 무아의 진리도 역시 티끌이 없다. 만일 무상 · 고 · 공 · 무아의 진리를 설명하자면 중복되기 때문에, 그러므로 네 가지 중에서 하나만을 설한다.

문 괴로움에는 어떠한 다른 모습이 있어서 세 가지 가운데서 독자적으로 이름을 얻었는가?

답 괴로움은 일체의 중생들이 싫어하고 두려워하는 바이지만, 무상은 그렇지 않다. 혹여 어떤 사람이 괴로움의 핍박을 받아서 무상을 얻으려고 생각하더라도, 괴로움을 얻고자 하는 사람은 있을 수 없다.

문 어떤 사람이 칼을 잡고 자살하거나, 바늘로 찌르거나 쓴 약을 도적에게 준다. 이와 같은 여러 가지의 괴로움을 찾는 것이 아닌가?

답 괴로움을 얻고자 하는 것이 아니라, 커다란 즐거움을 얻고자 한다. 괴로움을 두려워하기 때문에 죽음을 취한다. 괴로움은 제일의 근심이며, 즐거움은 제일의 이로움이다. 때문에 참다운 괴로움을 여의고 쾌락을 얻는다. 그러므로 부처님께서는 결과의 인연으로 오직 고제를 이름할 뿐이요, 무상 · 공 · 무아를 이름하지 않는다.

(5) 4제(諦)와 37도품(道品)과의 관계[158]

是於四諦中了了實智慧不疑不悔, 是名正見. 思惟是事種種增益故是名正覺. 除邪命攝四種邪語, 離餘四種邪語攝四種正語. 除邪命攝身三種業, 除餘三種邪業名正業. 離餘種種邪命, 是名正命. 如是觀時精進, 是正方便. 是事念不散, 是名正念. 是事思惟不動, 是名正定. 正覺[159]如王, 七事隨從. 是名道諦. 是事一心實信不動, 是名信根. 一心精懃求道, 是名精進根. 一心念不忘失, 是名念根. 心住一處亦不馳散, 是名定根. 思惟分別無常等覺, 是名慧根. 是名增長得力, 是名五力.

問曰, 八正道中皆說慧念定等根力中何以重說.

答曰, 隨入行時初得小利, 是時名爲根, 是五事增長得力, 是時得名爲力, 初入無漏見諦道中, 是功德名八正道. 入思惟道時名七覺意, 初入道中觀念身痛心法常一心念, 是名四念止. 如是得善法味四種精懃, 是名四正懃, 如是欲精進定慧初門懃精進求如意自在, 是名四神足. 雖名四念止 · 四正懃 · 四神足 · 五根等, 皆攝隨行時, 初後, 少多, 行地緣各各得名. 譬如四大各各有四大, 但多得名, 若地種多水火風少處, 名爲地大. 水火風亦如是. 如是三十七品中各各有諸品. 如四念止中有四正懃 · 四神足 · 五根 · 五力 · 七覺 · 八道等. 如是觀十二分 · 四諦行 · 四念止 · 四正懃 · 四神足 · 五

158) 다음은 사제(四諦)와 삼십칠도품(三十七道品)과의 관계를 나타낸다. 그리고 먼저 팔정도(正見 · 正覺 · 正語 · 正業 · 正命 · 正方便 · 正念 · 正定)를 설하다.

159) 대정본에는 正覺이고 원, 명, 궁본에는 正見으로 고치다.

根 · 五力 · 七覺意 · 八正道, 其心安樂.

네 가지 진리 가운데서 참다운 지혜를 분명하게 깨닫고 의심하지 않으며 후회하지 않는 이것을 바른 견해(正見)라고 한다. 이 일을 사유하여 여러 가지로 이로움이 불어나기 때문에 이것을 정사유(正覺)라고 한다. 삿된 생활을 제거하고 네 가지 삿된 말을 섭수하며, 그 밖의 네 가지 삿된 말을 여의고 네 가지 바른 말을 섭수하는 것이 바른 말(正語)이다. 삿된 생활을 없애 몸의 세 가지 업을 섭수하고, 그 밖의 세 가지 삿된 행위를 없애면 바른 행위(正業)라고 한다. 그 밖의 가지가지 삿된 생계를 여의면, 이것을 바른 생계(正命)라고 한다.

이와 같이 때를 관하여 노력하면, 이것이 바른 방편(正方便)이다. 이 일을 마음챙김하되 흩어지지 않는 것을 바른 마음챙김(正念)이라고 한다. 이 일을 사유하여 동요하지 않는 것을, 바른 삼매(正定)라고 한다. 바른 깨달음(正覺)은 왕과 같이, 일곱 가지 일에 따른다. 이것을 도제(道諦)라고 말한다.

이 일을 한마음으로 진실하게 믿어서 동요하지 않는 것을, 믿음의 기능(信根)이라고 한다. 한마음으로 쉬지 않고 부지런히 도를 찾으면, 이것을 정진의 기능(精進根)이라고 한다. 한마음으로 생각하여 망실(忘失)하지 않으면, 이것을 마음챙김의 기능(念根)이라고 한다. 마음이 한곳에 머물고 또한 흩어지지 않으면, 이것을 삼매의 기능〔定根〕이라고 말한다. 사유하고 분별하여 무상(無常) 등을 깨달으면, 이것을 지혜의 기능〔慧根〕이라 한다.[160] 이것을 일러 증가하여 힘을 얻음이라 하고 이것을 일러 다섯 가지 힘〔五力〕이라고 한다.

문 팔정도에서는 혜(慧) · 염(念) · 정(定) 등을 모두 설하였는데 기능과 힘〔根力〕 속에서 무슨 이유로 거듭 설명하는가?

답 수행에 들어가 따라갈 때에 처음에는 작은 이익을 얻는데, 이 때를 기능〔根〕이라 한다. 이 다섯 가지 일이 증가하여 힘〔力〕을 얻으면, 이 때 힘이라 하는 이름을 얻는다. 처음에 무루(無漏)의 진리를 보는 도〔見諦道〕에 들어가는데, 이 공덕을 팔정도라고 한다. 사유하는 도〔思惟道〕에 들어갈 때는 칠각의(七覺意)라고 하며, 처음 도(道)에 들어가서 몸과 느낌과 마음과 법을 관하여 항상 한마음으로 생각하면, 이것을 사념지라고 한다. 이와 같이 선법(善法)의 맛을 얻어서 네 가지로 정근하면, 이것을 사정근이라고 한다.

이와 같이 욕(欲) · 정진 · 정(定) · 혜(慧)의 초문(初門)에서 부지런히 정진하여 마음대로 자재함을 추구하면, 이것을 사신족(四神足)이라고 말한다.

비록 사념지(四念止) · 사정근(四正懃) · 사신족(四神足) · 오근(五根) 등으로 부르더라도, 모두 섭수하여 수행할 때의, 처음과 끝, 적고 많음, 수행하는 땅의 반연 등에 따라서 각각 이름을 얻는다. 예컨

---

160) 신근(信根), 정진근(精進根), 염근(念根), 정근(定根), 혜근(慧根)을 오근(五根)이라고 말한다.

대 사대(四大) 각각이 사대를 지니는 것과 같이, 다만 많은 것으로 이름을 얻는다.

만일 땅의 종류가 많고 물 · 불 · 바람의 성질이 적은 곳이라면, 이름하여 지대(地大)라 한다. 물 · 불 · 바람도 역시 이와 같다. 이와 같이 삼십칠품(三十七品) 속의 각각이 여러 품을 지닌다. 마치 사념지(四念止) 속에 사정근(四正懃) · 사신족(四神足) · 오근(五根) · 오력(五力) · 칠각(七覺)[161] · 팔정도(八正道) 등을 지니는 것과 같다. 이와 같이 십이인연 · 사제행(四諦行) · 사념지 · 사정근 · 사신족 · 오근 · 오력 · 칠각의(七覺意) · 팔정도를 관(觀)하면 그 마음이 안락(安樂)하다.

(6) 인연(因緣)이 공(空)함

復以此法度脫衆生, 一心誓願精進求佛. 是時心中思惟觀念, 我了了觀知此道不應取證. 有二事力故未入涅槃. 一者大悲不捨衆生. 二者深知諸法實相. 諸心心數法從因緣生. 我今云何隨此不實. 當自思惟欲入深觀十二因緣, 知因緣是何法. 復更思惟, 是四種緣因緣 · 次第緣 · 緣緣 · 增上緣. 五因爲因緣. 除過去現在阿羅漢最後心餘過去現在心心數法是次第緣. 緣緣 · 增上緣緣一切法. 復自思惟, 言若法先因緣中有, 則不應言是法因緣

161) 칠각(七覺): 칠각지(七覺支)의 준말이다. 칠각의(七覺意)는 칠각지의 구역(舊譯)이다.

生. 若無亦不應言因緣中生. 生有半無亦不應因緣生. 云何有因緣. 若法未生, 若過去心心數法失, 云何能作次第緣. 若佛法中妙法無緣涅槃云何爲緣緣. 若諸法實無性有法不可得. 若因緣果生因此有彼, 是說則不然. 若因緣中各各別, 若和合一處, 是果不可得, 云何因緣邊出果. 因緣中無果故. 若因緣中先無果而出者, 何以不非因緣邊出果. 二俱無故. 果屬因緣因緣邊出, 是因緣不自在, 屬餘因緣. 是果屬餘因緣, 云何不自在, 因緣能生果. 是故果不從因緣有, 亦不從非因緣有. 則爲非果. 果無故緣與非緣亦無也.

또한 이 법으로 중생을 제도하고, 한마음으로 서원하고 정진하여 부처를 찾을 때 마음속으로 사유하고 관하여 생각한다. 나는 분명하게 이 도를 관하여 알더라도 마땅히 깨달음을 취하지 않으리라. 두 가지 일을 할 힘이 있기 때문에 아직 열반에 들어가지 않으리라. 첫째는, 커다란 연민(大悲)으로 중생을 버리지 않는 것이며, 두 번째는, 일체 존재의 참다운 모습을 깊이 아는 것이다.

모든 마음(心)과 마음부수법(心數法)[162]은 인연 따라 생긴다. 나는 지금 어찌하여 이 진실하지 않은 것에 따르는가? 마땅히 스스로 사유하여 십이인연에 깊이 관하여 들어가고자 하면, 인연이 어떠한 법인가를 알아야만 한다.

162) 모든 마음(心)과 마음부수법(心數法, 心所法)은 마음이 일어날 때 함께 일어나는 감각접촉, 느낌, 인식 등의 심리현상들을 일반적으로 심소법(心所法)이라 하는데 이 경에서는 이를 심수법(心數法)이라 옮겼다.

또한 이 네 가지 연(緣), 즉 인연 · 차제연(次第緣) · 연연(緣緣) · 증상연(增上緣)을 더욱 사유하라. 다섯 가지 원인[163]으로 인연을 삼는다. 과거와 현재의 아라한이 최후의 마음을 제외하고 그 밖의 과거와 현재의 마음(心法)과 대상(心數法), 이것이 차제연이다. 연연과 증상연은 일체의 존재에서 연유한다.

다시 스스로 사유하여, 만일 존재가 먼저 인연 속에 있다고 말하면, 마땅히 이 존재는 인연으로 생긴다고 말해서는 안 된다. 만일 없다면 또한 마땅히 인연 속에서 생긴다고 말해서도 안 된다. 반은 있고 반은 없더라도(半有半無) 또한 마땅히 인연으로 생긴다고 말해서는 안 된다. 무엇을 인연이 있다고 하는가? 만일 존재가 아직 생기지 않았는데, 과거의 마음(心)과 마음부수법(心所法)이 없어지면, 어떻게 차제연(次第緣)을 만들 수 있는가? 만일 불법 가운데의 미묘한 법에 반연이 없다면 열반은 어떻게 연연(緣緣)을 만들 것인가? 만일 모든 존재가 진실로 자성이 없다면 어떠한 존재도 얻을 수 없는 것이다. 만일 인연으로 결과가 생겨서 이것 때문에 저것이 있다고 말하면 곧 틀린 것이다. 혹은 인연 속에서 각각 차별이 있거나, 혹은 한곳에 화합하더라도, 이 결과는 얻을 수 없다.

어떻게 인연의 가장자리에서 결과가 나오는가? 인연 속에는 결과가 없기 때문이다. 만일 인연 속에서 우선적으로 결과가 없는데

---

163) 오인(五因)은 생인(生因), 의인(依因), 입인(立因), 지인(持因), 양인(養因)이다.

도 나온다면, 무슨 까닭에 인연의 가장자리에서 결과를 낳는가? 두 가지가 함께 없기 때문이다. 결과는 인연에 속하여, 인연의 가장자리에서 나온다. 그러나 이 인연은 자재(自在)하고, 그 밖의 인연에 소속되지 않는다. 이 결과가 그 밖의 인연에 소속된다면, 어찌하여 자재하지 않는가? 인연은 능히 결과를 생기게 한다. 그러므로 결과는 인연 따라 있는 것이 아니다. 또한 인연 아닌 것을 따라 있는 것도 아니다. 즉 결과가 아니다. 결과가 없기 때문에 연(緣)과 연이 아닌 것(非緣)도 역시 없다.

(7) 12인연(因緣)의 공(空)을 설함

問曰, 佛言十二因緣, 無明緣諸行. 汝云何言無因果.

答曰, 先以被答, 不應更難. 若難者更當答. 佛言, 眼因, 色緣癡邊生邪憶念. 癡是無明. 是中無明何所依住. 若依眼耶. 若色中耶, 若識中耶[164]. 不應依眼住, 若依眼住, 不應待色常應癡. 若依色住, 不應待眼, 是則外癡何豫我事. 若依識住, 識無色 · 無對 · 無觸 · 無分無處, 無明亦爾, 云何可住. 是故無明非內, 非外非兩中間, 不從前世來, 亦不往[165]後世, 非東西南北四維上下來. 無有實法, 無明性爾. 了無明性則變爲明. 一一推之癡不可得. 云何無

---

164) 대정장, 고려장에는 若依眼邪 若色中 若識邪이고 원, 명, 궁본의 若依眼耶 若色中耶 若識中耶로 고쳤다.

165) 대정본은 住이고, 지금은 원, 명, 궁본의 往으로 고쳤다.

明緣行. 如虛空 不生 · 不滅 · 不有 · 不盡 · 本性淸淨, 無明亦如是. 不生 · 不滅 · 不有 · 不盡 · 本性淸淨. 乃至生緣老死亦爾.

菩薩如是觀十二因緣, 知衆生虛誑繫在苦患. 易度耳, 諸法若有實相難可得度. 思惟如是則破愚癡.

문 부처님께서는 십이인연 속의 무명을 조건(緣)으로 하여 여러 행(行)이 있다고 말씀하셨다. 그런데 그대는 어찌하여 인과(因果)가 없다고 말하는가?

답 먼저 이미 대답했으니, 마땅히 다시 논란해서는 안 된다. 그러나 만일 논란하는 자가 있으면 마땅히 다시 대답하리라. 부처님께서, "눈이라는 원인(因)과 물질이라는 대상(緣)에 의해 어리석음의 주변(癡邊)에서 삿된 억념(憶念)이 발생한다."고 말씀하셨다. 어리석음은 무명(無明)이다. 이 가운데의 무명은 무엇에 의지하여 머물게 되는가? 눈에 의지하는가? 혹은 물질 가운데 의지하는가? 혹은 의식 가운데 의지하는가? 마땅히 눈에 머물러서는 안 된다.

만일 눈에 의지하면, 마땅히 물질에 의지하지 말고 항상 어리석어야 마땅하다. 만일 물질에 의지하면, 마땅히 눈에 기대서는 안 된다. 이것은 곧 바깥의 어리석음인데 어떻게 나의 일에 미리 대비할 수 있는가? 만일 의식에 의지하여 머문다면, 식은 물질이 아니고, 대립함이 없으며, 감촉이 없고, 분별이 없으며, 처소가 없고, 무명도 역시 그러한데, 어떻게 머물 수 있다는 말인가?

그러므로 무명은 안도 아니며, 바깥도 아니고, 중간도 아니다. 전생(前生)에서부터 오지 않았으며, 또한 내세(來世)로 가지도 않는다. 동서남북, 사유, 상하에서 오는 것이 아니다. 참다운 존재란 있을 수 없으며, 무명의 본성이 그렇다. 무명의 본성을 요달(了達)하면 변하여 밝음이 된다. 하나하나를 추궁(推窮)하면 어리석음은 얻을 수 없다. 어떻게 해서 무명은 행에서 연유하는가? 허공이 불생(不生)·불멸(不滅)·불유(不有)·부진(不盡)하고, 본성이 청정하듯이 무명도 역시 그렇다. 불생·불멸·불유·부진하고 본성이 청정하다. 내가 태어남이 늙고 죽음에서 연유하는 것도 역시 그렇다.

보살은 이와 같이 십이인연을 관(觀)하고, 중생들이 헛되이 괴로움과 근심에 묶여 있음을 안다. 그러므로 중생은 제도하기 쉽지만, 여러 존재가 만일 참다운 모습으로 지니고 있다면 제도하기 어려운 것이다. 이와 같이 사유하여 어리석음을 깨뜨린다.

5. 보살도(菩薩道)의 수식관(數息觀)

(1) 3종인법(三種忍法)

(가) 생인(生忍)

若菩薩, 心多思覺常念阿那波那入時出時數一乃至十, 一一心不令馳散.

菩薩從此門得一心, 除五蓋欲行. 菩薩見道應行三種忍法 · 生忍 · 柔順法忍 · 無生忍. 云何生忍. 一切衆生或罵或打或殺, 種種惡事, 心不動轉, 不瞋不恚, 不唯忍之, 而更慈悲. 此諸衆生求諸好事, 願一切得. 心不捨放, 是時漸得解諸法實相, 如氣熏著. 譬如慈母愛其赤子乳哺養育種種不淨不以爲惡, 倍加憐念欲令得樂. 行者如是. 一切衆生作種種惡, 淨不淨行, 心不增惡[166]不退不轉. 復次十方無量衆生, 我一人應當悉度使得佛道. 心忍不退 · 不悔 · 不却 · 不懈 · 不厭 · 不畏 · 不難. 是生忍中一心繫念三種思惟不令外念. 外念諸緣攝之令還. 是名生忍.

만일 보살이 일으킨 생각〔思覺〕이 많으면 항상 아나파나(阿那波那)를 관찰하여, 숨을 들이쉴 때와 내쉴 때, 숫자를 하나에서 열까지 헤아려서, 하나하나의 마음이 흩어지지 않게 한다. 보살은 이러한 방법으로 한마음을 얻어서, 다섯 가지 장애〔五蓋〕의 욕행(欲行)을 제거한다. 보살은 도를 보면 마땅히 세 가지 인법(忍法)[167]을 행해야 하니, 즉, 생인(生忍) · 유순법인(柔順法忍) · 무생인(無生忍)이다.

무엇이 생인(生忍)인가? 일체의 중생이 혹 욕하고, 혹 때리고, 혹 죽이는 등 가지가지 나쁜 짓을 해도, 마음이 움직이거나 변하지 않으며, 성내지 않는다. 그것을 참을 뿐만 아니라, 더하여 깊이 사랑

---

166) 대정본에는 增惡인데 원, 명, 궁본에는 增減으로 고치다.

167) 삼종인(三種忍)에 관계해서는 경론에 모두 설하여 있고, 모두 인(忍)이라 하며, 부진(不瞋), 신인(信忍), 식인(識忍) 등 여러 가지 의미가 있다.

하며 불쌍히 여긴다. 이러한 여러 중생이 여러 가지 좋은 일을 추구하고, 일체를 얻기를 원한다. 마음을 풀어놓지 않으면, 이 때 점차 일체 존재의 참다운 모습을 이해할 수 있다. 마치 기운이 스며들어 달라붙는 것과 같다.

예컨대 인자한 어머니가 자기의 아이를 사랑하여 젖을 먹여 양육하되 가지가지의 더러움을 더럽게 여기지 않고, 가엾은 생각을 두 배로 더하여 즐거움을 얻게 하고자 하는 것과 같다. 수행자도 이와 같아서, 일체의 중생이 가지가지 나쁜 일과 깨끗하거나 깨끗하지 않은 일을 하더라도, 마음에 악을 더하지도 않고 덜하지도 않는다.

또한 시방의 무량한 중생을, 나 한 사람이 마땅히 모두 제도하여 부처님의 길을 얻게 하리라고, 마음으로 인내하고 후퇴하지도 않으며, 후회하지도 않고, 물러나지도 않는다. 게으르지도 않고, 싫어하지도 않으며, 두려워하지도 않고, 어려워하지도 않는다. 이 생인(生忍) 가운데 한마음으로 생각을 묶어서 세 가지 사유가 생각을 벗어나지 않게 한다. 바깥으로 여러 반연을 생각하면 그것을 추슬러 되돌아오게 한다. 이것을 생인이라고 말한다.

(나) 유순법인(柔順法忍)

云何柔順法忍. 菩薩既得生忍功德無量, 知是功德福報無常. 是時厭無常自求常福, 亦爲衆生求常住法. 一切諸法色 · 無色法, 可見 · 不可見法, 有對·無對法, 有漏·無漏, 有爲·無爲, 上中下法, 求其實相. 實相云何. 非有常非無常, 非樂非不樂, 非空非不空, 非有神非無神. 何以故非有常, 因緣生故, 先無今有故, 已有還無故, 是故非有常. 云何非無常, 業報不失故, 受外塵故, 因緣增長故, 非無常. 云何非樂, 新苦中生樂想故, 一切無常性故, 緣欲生故, 是故非樂. 云何非不樂, 樂有受故, 欲染生故, 求樂不惜身故, 是非不樂. 云何非空, 內外入各各受了了故, 有罪福報故, 一切衆生信故, 是故非空. 云何非不空, 和合等實[168]故, 分別求不可得故, 心力轉故, 是故非不空. 云何非有神, 不自在故, 第七識界不可得故, 神相不可得故. 是故非有神. 云何非無神, 有後世故, 得解脫故, 各各我心生不計餘處故, 是故非無神. 如是不生不滅, 不不生不不滅, 非有非無, 不受不著, 言說悉滅心行處斷, 如涅槃性. 是法實相. 於此法中信心淸淨無滯無礙, 軟知·軟信·軟進, 是謂柔順法忍.

무엇을 유순법인(柔順法忍)이라고 하는가? 보살이 이미 생인(生忍)의 공덕이 무량함을 얻었으면, 이 공덕의 복덕과 과보가 무상(無常)함을 안다. 이 때 무상을 싫어하고 스스로 변함없는 복덕을 찾는다. 또한 중생을 위하여 상주하는 법을 찾는다. 일체의 모든 존재, 즉 물질과 비물질의 존재, 볼 수 있는 것과 볼 수 없는 것, 물질적으로 대립하는 것과 대립하지 않는 것, 유루(有漏)와 무루(無漏),

---

168) 대정본에는 和合等實이고 원, 명, 궁본에는 和合等生으로 고침.

유위(有爲)와 무위(無爲), 상 · 중 · 하의 존재에서 그 참다운 모습을 찾는다. 참다운 모습이란 무엇인가? 항상하는 것도 아니며, 항상하지 않는 것도 아니며, 즐거운 것도 아니며, 즐겁지 않은 것도 아니다. 공도 아니며 공 아닌 것도 아니다. 정신이 있는 것도 아니며, 정신이 없는 것도 아니다.

무슨 까닭에 항상하는 것이 아닌가? 인연으로 생기기 때문이다. 먼저 무(無)가 있고, 이제 유(有)가 있다. 이미 유이고 또한 무이기 때문에 항상하는 것이 아니다.

무엇이 무상이 아닌가? 업보(業報)를 잃지 않기 때문이고, 바깥의 번뇌를 받아들이기 때문이며, 인연이 증가하기 때문에, 무상이 아니다.

무엇이 즐거움이 아닌가? 새로운 괴로움 속에서 즐거운 생각을 하기 때문이고, 일체의 무상한 성질 때문이며, 욕망에 연유하여 생기기 때문에 즐거움이 아니다.

무엇이 즐겁지 않은 것(不樂)이 아닌가? 즐거움은 느낌을 지니기 때문이고, 욕망에 물들어서 생기기 때문이며, 즐거움을 찾아서 몸을 아끼지 않기 때문에, 이것은 즐겁지 않은 것이 아니다.

무엇이 공이 아닌가? 안팎의 십이처(十二處)는 각각의 느낌이 분명하기 때문이고, 죄와 복의 과보가 있기 때문이며, 일체의 중생이 믿기 때문에 공이 아니다.

무엇이 공 아닌 것(不空)이 아닌가? 화합 등이 생기기 때문이고,

분별하여 찾아도 얻을 수 없기 때문이며, 마음의 힘으로 변하기 때문에 공 아닌 것이 아니다.

무엇이 정신(神)[169]이 있는 것이 아닌가? 자재(自在)하지 않기 때문이고, 제칠식(第七識)의 경계를 얻을 수 없기 때문이며, 정신의 모습을 얻을 수 없기 때문에 정신이 있는 것이 아니다.

무엇이 정신이 없는 것이 아닌가? 후세를 지니기 때문이고, 해탈을 얻게 되기 때문이며, 각각 나의 마음이 생겨서 그 밖의 것을 계산하지 않기 때문에, 정신이 없는 것이 아니다.

이와 같이 태어나지도 않고 소멸하지도 않으며, 태어나지도 소멸하지도 않는 것(不生不滅)도 아니다. 있는 것도 아니고 없는 것도 아니다. 느끼지도 않고 집착하지도 않는다. 언설이 모두 사라지고 마음이 갈 곳도 끊어진다. 마치 열반의 본성과 같다. 이것이 존재의 참다운 모습이다. 이러한 법 가운데서 믿는 마음이 청정하며, 정체되지도 않고 걸림도 없다. 유연하게 알고, 유연하게 믿으며, 유연하게 정진한다. 이것을 유순법인(柔順法忍)이라고 말한다.

(다) 무생법인(無生法忍)

云何無生法忍. 如上實相法中智慧 · 信 · 進增長根利, 是名無生法忍. 譬如聲聞法中煖法 · 頂法 · 智慧 · 信 · 精進增長得忍法. 忍者忍涅槃, 忍無

169) 남북조 초기의 불교용어로서 신(神)은 육식(六識) 이상으로서 다음 생에 상속하는 정신적 존재를 말한다.

漏法故名爲忍, 新得新見故名爲忍, 法忍亦如是. 時解脫阿羅漢不得無生智, 增進廣利轉成不時解脫得無生智. 無生法忍亦如是. 未得菩薩果得無生法忍, 得菩薩眞行果. 是名菩薩道果. 是時得般舟三昧, 於衆生中得大悲, 入般若波羅蜜門.

무엇이 무생법인(無生法忍)인가? 위에서와 같이 참다운 모습 속에서 지혜 · 믿음 · 정진이 증가하고, 기능이 날카로우면, 이것을 무생법인이라고 한다. 예컨대 성문법 속에서 난법(煖法) · 정법(頂法) · 지혜 · 믿음 · 정진이 증가하여 인법(忍法)을 얻는다.

인(忍)이란 열반을 감내(忍)하고, 무루법을 감내하기 때문에 이름하여 인이라고 하고, 새롭게 얻고 새롭게 감내하기 때문에 이름하여 인이라고 한다. 법인도 역시 이와 같다. 시해탈(時解脫)[170] 한 아라한은 무생지(無生智)[171]를 얻지 않고, 정진하여 널리 이롭게 하며 불시해탈을 성취하면 무생지를 얻는다. 무생법인도 역시 이와 같다. 아직 보살의 과보를 얻지 못한 자가 무생법인을 얻으면, 보살의 참다운 수행의 과보를 얻는다. 이것을 보살도의 과보라고 한다.

---

170) 시해탈(時解脫)은 아라한의 둔근(鈍根)인 자로 열반에 드는 시절인연 조건을 요구하는 것을 말한다. 불시해탈(不時解脫)은 이근(利根)으로 때를 선택하여 수시로 될 수 있는 것을 얻을 수 있다고 말한다.

171) 무생지(無生智)는 사제(四諦)의 이치를 깨달아 더 이상 4제(諦)를 알고 끊으며, 증득하고 닦아야 할 것이 없는 것을 아는 지혜이다. 혹은 다시는 번뇌가 생(生)하지 않는다는 것을 아는 지혜이다.

그리고 이 때 반주삼매(般舟三昧)[172]를 얻고, 중생 가운데서 대비(大悲)를 얻으며, 반야바라밀의 문에 들어간다.

6. 보살도(菩薩道)의 모든 과(果)를 나타냄

爾時諸佛便授其號隨[173]生佛界中, 爲諸佛所念, 一切重罪薄, 薄者滅, 三惡道斷. 常生天上人中, 名不退轉到不動處. 末[174]後肉身盡入法身中, 能作種種變化度脫一切衆生. 具足六度 供養諸佛, 淨佛國土敎化衆生, 立十地中功德成滿, 次第得阿耨多羅三藐三菩提. 爲菩薩禪法中初門.

그 때 여러 부처님께서 문득 그 칭호를 주면 따라서 부처님의 세계 속에 태어나, 여러 부처님께서 생각하게 되는 바, 일체의 무거운 죄가 엷어지고, 엷은 사람은 없어지며, 삼악도가 끊어진다. 항상 천상과 인간 세상에 태어나며, 물러서는 일이 없는 정신이 동요하지 않는 곳에 도달한다. 마지막 육신은 모두 법신 속에 들어가며, 능히 가지가지 변화를 만들어서 일체의 중생을 제도하여 벗어나게 한다.

---

172) 반주삼매(般舟三昧)는 불립삼매(佛立三昧), 상행삼매(常行三昧)라 하며, 일정기간 동안을 이 삼매를 행할 때에는 제불(諸佛)을 직접 볼 수 있다고 한다.

173) 대정본에는 受其號墮이며 원, 명, 궁본에는 授其號隨로 고친다.

174) 대정장, 고려장에는 末이나 원, 명, 궁본에는 未로 되어 있다.

육바라밀〔六度〕[175]을 구족하여 일체의 부처님을 공양하고, 부처님의 국토를 청정하게 하여 중생을 교화하고, 십지(十地)[176] 가운데 서서 공덕이 원만하게 이루어지니, 차례대로 아뇩다라삼먁삼보리를 얻는다. 이것을 보살의 선정방법 가운데 초문(初門)이라고 한다.

Ⅵ. 결어(結語)

1. 선수행자가 때와 방편을 관찰해야 함[177]

行者定心求道時, 常當觀察時方便[178].

若不得時無方便, 是應爲失不爲利.

如犢未生櫱牛乳, 乳不可得非時故.

若犢生已櫱牛角, 乳不可得無智故.

---

175) 육도(六度)는 보시(布施) · 지계(持戒) · 인내(忍耐) · 정진(精進) · 선정(禪定) · 지혜(智慧)로서 보살의 필수적 덕목이다.

176) 십지(十地)는 보살이 수행해야 하는 단계를 10단계로 나눈 것이다. 1. 환희지(歡喜地) 2. 이구지(離垢地) 3. 발광지(發光地) 4. 염혜지(焰慧地) 5. 난승지(難勝地) 6. 현전지(現前地) 7. 원행지(遠行地) 8. 부동지(不動地) 9. 선혜지(善慧地) 10. 법운지(法雲地)이다.

177) 이하 선관(禪觀)을 수행(修行)하는 자가 때와 방편(方便) 등을 알아서 심득(心得)을 설(說)한다. 승예(僧叡)의 서(序)에 의하면 이 20게송은 마명(馬鳴)의 작품이다.

如鑽濕木求出火, 火不可得非時故.

若折乾木以求火, 火不可得無智故.

得處知時量己行, 觀心方便力多少,

宜應精進及不宜, 道相宜時及不宜.

수행자가 마음을 안정하여 도를 구하려고 할 때,

마땅히 언제나 때와 방편을 관찰하여야 한다.

만약 때와 방편을 얻지 못하면,

당연히 잃을 뿐 이익될 것은 없다.

송아지가 태어나지도 않았는데 소젖을 짜는 것과 같아서,

젖을 얻을 수 없나니 때가 아니기 때문이다.

만일 송아지가 태어나자마자 소의 뿔을 짠다면,

젖을 얻을 수 없나니 지혜가 없기 때문이다.

178) 방편(方便): 수행하는 구도자는 마땅히 시절과 방편을 관찰해야 한다. 방편이 없으면 잃는 것이 많을 뿐 이익이 없다고 방편을 강조하는 일단이다.
초기선자(初期禪者)들은 이런 대승불전에서 설하고 있는 방편설을 좌선(坐禪)이라는 실천법과 안심(安心) 법문의 수단으로 채택하여 응용하고 있음을 주목할 필요가 있다.
수행자가 마음을 안정하여 도를 구하려 할 때는 마땅히 때와 방편을 관찰하여 응용해야 한다. 여기서 말하는 방편은 좌선(坐禪)을 가리키는데, 수선구도자(修禪求道者)에게 방편을 의용(依用)할 것을 주장하는 것은 아마 이 경이 최초가 될 것으로 보인다. 정성본, 『중국 선종의 성립사 연구』(정성본 저, 민족사, 2000), p. 221, p. 426.

축축한 나무를 잘라서 불을 찾으면

불은 얻을 수 없나니 때가 아니기 때문이다.

만일 마른 나무를 잘라서 불을 찾으면,

불은 얻을 수 없나니 지혜가 없기 때문이다.

처소를 얻고 때를 알고 스스로 수행을 헤아리며,

마음의 방편력의 많고 적음과,

마땅히 정진해야 하는가와 하지 않아야 하는가를,

도의 모습(道相)이 시기에 적절한가, 적절하지 않은가를 관(觀)하라.

若心調動[179]不應勇. 如是勇過不得定.

譬如多薪熾大火, 大風來吹不肯滅.

若能以定自調心, 如是動息心得定.

譬如大火大風吹, 大水來澆無不滅.

若人心軟復懈怠, 如是厭沒不應行.

譬如少薪無焰火, 不得風吹便自滅.

若有精進勇猛心, 如是轉健得道疾.

譬如小火多益薪, 風吹轉熾無滅時.

179) 대정본에는 調動이며 원, 명, 궁본에는 掉動으로 고치다.

若行放捨止調縮, 設復發捨[180]失護法[181].

譬如病人宜將養, 若復放捨無得活.

若有捨想正等心, 宜時懃行得道疾.

譬如有人乘調象, 如意至湊無躓礙.

마음의 움직임을 살피더라도 마땅히 용맹해서는 안 된다.

이와 같이 용맹하기가 지나치면 선정을 얻을 수 없다.

예컨대 많은 장작이 타오르는 큰 불은,

큰 바람이 와서 불어도 꺼지지 않는 것과 같다.

만일 선정으로 스스로 마음을 조절한다면,

이와 같은 흔들림이 그치고 마음에 안정을 얻으리라.

예컨대 큰 불에 큰 바람이 불고,

큰 물을 뿌리면 꺼지지 않음이 없는 것과 같다.

만일 사람의 마음이 연약하고 게으르면,

이와 같이 싫어함에 빠져서 마땅히 수행하지 않는다.

예컨대 적은 장작은 불꽃이 없어서,

바람이 불지 않아도 문득 저절로 사그라지는 것과 같다.

---

180) 대정본에는 發捨이며 원, 명, 궁본에는 廢捨로 고치다.

181) 護法은 捨法의 古譯이다.

만일 정진하는 힘과 용맹한 마음이 있으면,
이와 같이 건강함을 돌려서 도를 얻는 것이 빠르다.
예컨대 작은 불에 장작을 더 많이 넣으면,
바람이 불어서 더욱 타올라 꺼지지 않는 것과 같다.

만일 수행을 놓아버리거나 지관을 축소하면,
설령 평온(捨)을 얻더라도 호법(護法)을 잃는다.
예컨대 병든 사람을 마땅히 이끌어서 부양하더라도,
만일 다시 풀어놓으면 살 수 없는 것과 같다.

만일 생각을 버리고 바르고 평등한 마음을 지닌다면,
시기적절하게 부지런히 수행하여 도를 얻는 것이 빠르다.
예컨대 어떤 사람이 길들여진 코끼리를 타고,
마음대로 항구에 도달했어도 넘어지거나 걸림이 없는 것과 같다.

若多婬欲愛亂心, 是時不應行慈等.
婬人行慈益癡悶, 如人冷病服冷藥.
婬人心亂觀不淨, 諦觀不淨心得定.
行法如是相應故, 如人冷病服熱藥.
若多瞋恚忿亂心, 是時不應觀不淨.
瞋人觀惡增恚心, 如人熱病服熱藥.

若人瞋怒行慈心, 行慈不捨瞋心滅

行法如是相應故, 如人熱病服冷藥.

若多愚癡心闇淺, 不淨行慈悲[182]行法.

二行增癡無益故, 如人風病服麨藥.

人心癡闇觀因緣, 分別諦觀癡心滅.

만일 음욕이나 애착, 산란한 마음이 많으면,
이 때는 마땅히 인정 등을 행해서는 안 된다.
음욕이 많은 사람이 인정을 행하면 더욱 어리석고 어두워지나니,
냉병(冷病)에 차가운 약을 먹는 것과 같다.

음욕이 많은 사람은, 마음이 산란하면 부정(不淨)을 관하라.
부정을 잘 관하면 마음으로 안정을 얻는다.
법을 행하는 것이 이와 같이 상응하기 때문에,
냉병에 뜨거운 약을 복용하는 것과 같다.

만일 성냄과 산란한 마음이 많으면,
이 때는 마땅히 부정(不淨)을 관해서는 안 된다.
성 잘내는 사람이, 악을 관하면 성내는 마음이 더해지니
열병(熱病)에 뜨거운 약을 먹는 것과 같다.

---

182) 대정본에는 悲이며 원, 명, 궁본에는 非로 고치다.

만일 성내고 노여워하면 자비로운 마음을 행해야 하니
자비행을 하면 성난 마음을 버리지 않아도 소멸한다.
법을 행하는 것이 이와 같이 상응하기 때문이며,
열병에 차가운 약을 먹는 것과 같다.

만일 매우 어리석어서 마음이 어둡고 얕으면,
부정행법과 자비행법을 하지 마라.
두 가지 행법은 어리석음을 증가할 뿐 이익이 없기 때문이니,
마치 사람이 풍병(風病)에 보릿가루 약을 먹는 것과 같다.

사람의 마음이 어리석고 어두우면 인연을 관하라.
분별하여 잘 관(觀)하면 어리석은 마음이 없어진다.

法行如是相應故, 如人病風服膩藥.

譬如金師排扇炭, 用功非時失[183]排法.

怱怱急[184]

排不知時, 或時水澆或放捨.

金融急排則消過, 未融便止則不消.

非時水澆金則生, 非時放置則不熟.

---

183) 대정본에는 排이며 원, 명, 궁본에는 韛로 고친다.
184) 대정장 원, 명, 궁본에는 怱怱이며, 고려장에는 悤悤으로 되어 있다.

精進攝心及放捨, 應當觀察行道法.

非時方便失法利, 若非法利爲非利.

譬如藥師三種病, 冷 · 熱 · 風病除滅故.

應病與藥, 佛如是, 婬怒癡病隨藥滅.

법과 수행이 이와 같이 상응하기 때문이니,

사람이 풍병(風病)에 기름 약을 먹는 것과 같다.

예컨대 대장장이〔金師〕가 선탄(扇炭)을 물리치고 기능을 다하더라도,

시기가 아니면 풀무질하는 방법을 잃어버리는 것과 같다.

바쁘고 성급한 풀무질은 시기를 알 수 없으니,

어느 때는 물을 뿌리고 어느 때는 놓아버린다.

쇠가 녹는데 급하게 풀무질하면 녹는 것이 지나치고,

아직 녹지 않았는데 문득 그만두면 녹지 않는다.

때가 아닌데 물을 뿌리면 쇠가 곧 그대로며,

때가 아닌데 방치하면 달궈지지 않는다.

정진하고 마음을 섭수하며 놓아버리고,

마땅히 행도법(行道法)을 관찰해야 한다.

때가 아닌 방편은 법의 이로움을 잃어버리나니,
만일 법의 이로움이 아니라면 이로움이 아니다.

예컨대 약사(藥師)가 세 가지 병,
즉 냉병 · 열병 · 풍병을 없애버리기 위해서,
병에 따라서 약을 주는 것과 같다.
부처님께서도 이와 같이,
음욕 · 성냄 · 어리석음을 약에 따라 없앤다.

참고문헌

1. 원전

『坐禪三昧經』(대정장 15)

『坐禪三昧經』(고려장 30)

『坐禪三昧經』(국역일체경 9)

『修行道地經』(대정장 15)

『佛說大安般守意經』(대정장 15)

『坐禪三昧經』(한글대장경)

『修行道地經』(한글대장경 67)

『坐禪三昧經』(영락북장 129) 궁본

『坐禪三昧經』(불교경전 163) 위창고본

『出三藏記集』(대정장 55)

2. 논문 및 단행본

대림 스님 · 각묵 스님, 『아비담마 길라잡이』 상 · 하, 서울: 초기불전 연구원, 2002.

각묵 스님, 『네 가지 마음 챙기는 공부』, 서울: 초기불전 연구원, 2003.

대림 스님 옮김, 『청정도론』 1 · 2 · 3, 서울: 초기불전 연구원, 2004.

정태혁, 『붓다의 호흡과 명상』 1 · 2, 서울: 정신세계사, 1993.

이중표, 『근본불교』, 서울: 민족사, 2002.

권오민,『아비달마불교』서울: 민족사, 2003.

_____,『아비달마구사론』1 · 2 · 3 · 4, 서울: 동국역경원, 2002.

K.S. 케네쓰첸, 박해당 옮김,『중국불교』, 서울: 민족사, 1994.

일지,『100문100답』선불교 강좌편 상, 서울: 대원정사, 1997.

키무라 키요타카, 장휘옥 옮김,『중국불교 사상사』, 서울: 민족사, 1991.

여징, 각소 옮김,『중국불교학 강의』, 서울: 민족사, 1992.

정성본,『선의 역사와 사상』, 서울: 불교시대사, 1999.

_____,『중국선종의 성립사 연구』, 서울: 민족사, 2000.

겸전무웅 저, 정순일 역,『중국불교사』, 서울: 경서원, 1996.

야나기나 세이잔, 추만호, 안영길 옮김,『선의 사상과 역사』, 서울: 민족사, 1989.

겸전무웅 저, 장휘옥 역,『중국불교사』2, 서울: 장승, 1997.

미즈노 고겐 지음, 이미령 옮김,『경전의 성립과 전개』, 서울: 시공사, 1996.

박문기,「중국초기 선사상 형성에 대한 고찰」, 석사학위논문, 동국대학원, 1987.

찾아보기

좌선삼매경

2005년 5월 15일 초판 1쇄 발행
2024년 2월 23일 초판 7쇄 발행

지은이 구마라집 • 옮긴이 자응 • 감수 요산 지안
발행인 박상근(至弘) • 편집인 류지호 • 편집이사 양동민
편집 김재호, 양민호, 김소영, 최호승, 하다해 • 디자인 쿠담디자인
제작 김명환 • 마케팅 김대현, 이선호 • 관리 윤정안
콘텐츠국 유권준, 정승채, 김희준
펴낸 곳 불광출판사 (03169) 서울시 종로구 사직로 10길 17 인왕빌딩 301호
대표전화 02) 420-3200 편집부 02) 420-3300 팩시밀리 02) 420-3400
출판등록 제300-2009-130호(1979. 10. 10.)

ISBN 978-89-7479-162-9 (03220)

값 14,000원